学級担任のための国語資料集

短文・長文・PISA型の力がつく

まるごと読解力 文学作品

企画・編集　原田善造

小学1年

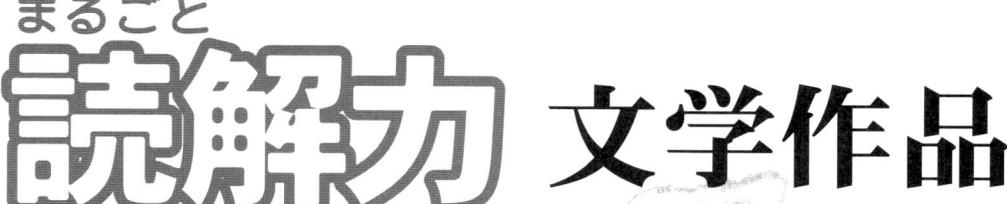

本書の特色

五社の教科書の文学作品をまるごと掲載

光村図書、東京書籍、教育出版、学校図書、大阪書籍の五社の教科書の文学作品を掲載しました。五社の教科書の作品がまるごと掲載されていて、たいへん充実した内容になっています。

読解力［思考力・表現力・活用力］の向上に最適のワークシート集　授業中の発問の例としても使える
教科書・全国学力テスト問題・ＯＥＣＤの学力調査（ＰＩＳＡ）やフィンランドの教育方法なども参考に作成

本書を執筆するにあたり、まず、光村図書、東京書籍、教育出版、学校図書、大阪書籍の五社の教科書の文学作品を研究しました。さらに、全国学力テストの活用問題やＯＥＣＤの学力調査（ＰＩＳＡ）の読解力問題・フィンランドの教育方法なども参考に、現場の先生方の知恵を借りながら、日本の子どもたちに適した発問例や問題例を掲載しました。

読み取る力や思考力を問う問いと、表現力・活用力を問う問いをバランスよく掲載していますので、本書の活用により、子どもたちに豊かな読解力［思考力・表現力・活用力］が身につきます。

限られた授業時間の中でがんばっておられる、忙しい現場の先生方に最適な読解力ワークシート

教科書の作品を全部教えるにも授業時間が足らないのが日本の教育現場の実情だといわれています。

本書は、教科書の作品に限って掲載しています。教科書以外の作品から問いを作っても、その作品を教えるのに、とても時間がかかってしまいます。また、教科書以外の作品では、その学年の児童の発達段階に適しているかどうかわかりません。

そこで、本書では何よりも教科書の作品をよく研究し、読解力［思考力・表現力・活用力］向上のための充実した問いを、短文・長文・全文の三部構成で掲載しました。

授業の中での活用はもちろん、短時間の朝勉強やテスト・宿題等、いろいろな場面で、いろいろな時間の長さで活用できるので、忙しい中でがんばっておられる先生方にはピッタリのワークシートです。

本書の使い方

短文読解のページ

日々の授業の発問や朝学習や宿題等に使えるよう、一つの文学作品を何ページかにわたって短く掲載しています。短時間でできますのでぜひご活用下さい。

読解力［思考力・表現力・活用力］を豊かに形成するためには、たくさんの作品に接することも大切ですので、学校で採択されていない他社の教科書の作品もぜひご活用下さい。

長文読解のページ

小学校であつかう一般的なテスト等と同じ長さの問題を掲載しています。授業の発問やテストや宿題等、いろいろな場面で活用して下さい。

思考力・表現力・活用力を高め、よりＰＩＳＡ型をめざした全文読解のページ

作品が長いときは何ページかにわたって全文が掲載されています。例えば、全文が２ページの作品の場合、はじめの一枚目のワークシートは、１ページ目の作品から出題されていますが、二枚目のワークシートは、１ページ・２ページの全文から出題されています。

また、作品は２ページ以上なのに一枚しかワークシートがない場合も、全文から出題されています。どの範囲から出題されているかは、ワークシートに書いてありますので、その範囲の作品のページをご使用下さい。

豊かなイラスト

子どもたちのイマジネーションをふくらませる、豊かなイラストが掲載されています。説明文のワークシートには、イラストと本文の関係を問う問題もありますので、是非、イラストにも着目させて下さい。

解答のページ

本書の解答例は、あくまで一つの解答例です。国語の教材は、子どもによってイメージの仕方や、問題の受け止め方が多様であり、これだけが正解ということは絶対にありません。子どもの表現が少々違っていても、文意が合っていれば必ず○をしてあげて下さい。「思ったこと」「考えたこと」などは様々なとらえ方がありますので、解答例を省略している場合があります。児童の思いをよく聞いて、あくまでも子どもの考えに寄りそった○つけをお願い致します。

短文読解力問題

長文読解力問題

思考力・表現力・活用力を高め、よりPISA型をめざした

全文読解力問題

解答

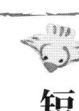

【光】…光村図書　【学】…学校図書
【東】…東京書籍　【大】…大阪書籍
【教】…教育出版
Ⓟ…思考力・表現力・活用力を高め、よりPISA型をめざした問題

・授業の発問事例
・読解練習
・朝学習
・宿題　等に使える

短文読解力問題

おむすびころりん(1)

なまえ［　　　　］

むかし　むかしの　はなしだよ。
やまの　はたけを　たがやして、
おなかが　すいた　おじいさん。
そろそろ　おむすび　たべようか。
つつみを　ひろげた　その　とたん、
おむすび　ひとつ　ころがって、
ころころ　ころりん　かけだした。

（光村図書　こくご一年（上）かざぐるま　はそべ　ただし）

うえの　ぶんを　よんで　こたえましょう。

(1) おじいさんは　やまで　なにを　して　いましたか。

（　　　　）

(2) おなかが　すいた　おじいさんは　どうしようと　おもいましたか。

（　　　　）

(3) おじいさんが　つつみを　ひろげる　と　おむすびは　どう　なりましたか。

（　　　　）

おむすび ころりん (2)

なまえ［　　　　　　　　　　］

まて まて まてと おじいさん、
おいかけて いったら おむすびは、
はたけの すみの あなの なか、
すっとんとんと とびこんだ。

のぞいて みたが まっくらで、
みみを あてたら きこえたよ。
おむすび ころりん すっとんとん。
ころころ ころりん すっとんとん。

（光村図書 こくご一年（上） かざぐるま はそべ ただし）

うえの ぶんを よんで こたえましょう。

(1) おむすびは どう なりましたか。

（　　　　　　　　）

(2) おじいさんは どこを のぞいて みたのですか。

（　　　　　　　　）

(3) おじいさんが みみを あてると なにが きこえましたか。

（　　　　　　　　）

おむすび ころりん(3)

なまえ［　　　　　　　　　　　　　　　　　　　　　　　　　］

これは　これは　おもしろい。
ふたつめ　ころんと　ころがすと、
きこえる　きこえる　おなじ　うた。
おむすび　ころりん　すっとんとん。
ころころ　ころりん　すっとんとん。

おなかが　すいてる　ことなんか、
わすれて　しまった　おじいさん。
うたに　あわせて　おどりだす。
おむすび　ころりん　すっとんとん。
ころころ　ころりん　すっとんとん。

（光村図書　こくご一年（上）かざぐるま　はそべ　ただし）

うえの　ぶんを　よんで　こたえましょう。

(1)　ふたつめの　おむすびを　ころがすと　どう　なりましたか。

（　　　　　　　　　　　　）

(2)　おなかが　すいている　ことを　わすれて　おじいさんは　どう　しましたか。

（　　　　　　　　　　　　）

おむすびころりん(4)

なまえ［　　　　］

とうとう　あしを　すべらせて、
じぶんも　あなへ　すっとんとん、
ねずみの　おうちに　とびこんだ。
おじいさん　ころりん　すっとんとん。
おむすび　たくさん　ありがとう。
おいしい　ごちそう　さあ　どうぞ。
ねずみの　おどりを　みて　ください。
おれいに　こづちを　あげましょう。

（光村図書　こくご一年（上）かざぐるま　はそべ　ただし）

うえの　ぶんを　よんで　こたえましょう。

(1)　あなは　だれの　おうち　でしたか。

（　　　　）

(2)　ねずみは　あなの　なかで　おじいさんに　なにを　しましたか。４こに　○を　しましょう。

（　）おむすびの　おれいを　いった。
（　）ごちそうを　だした。
（　）おふろに　はいって　くださいと　いった。
（　）おれいに　おむすびを　わたした。
（　）おどりを　みて　くださいと　いった。
（　）おれいに　こづちを　あげた。

おむすびころりん(5)

なまえ［　　　　　　　　］

おれいの　こづちを　てに　もって、
おうちに　かえって　おばあさんと、
おどった　おどった　すっとんとん。
こづちを　ふり　ふり　すっとんとん。

すると　どう　した　ことだろう。
こづちを　ふる　たび、
あれ　あれ　あれ　あれ、
しろい　おこめが　ざあらざら。
きんの　こばんが　ざっくざく。

それから　ふたりは　いつまでも、
なかよく　たのしく　くらしたよ。
おむすび　ころりん　すっとんとん。
ころころ　ころりん　すっとんとん。

（光村図書　こくご一年（上）　かざぐるま　はそべ　ただし）

うえの　ぶんを　よんで　こたえましょう。

(1) おじいさんは　なにを　もって　おうちに　かえりましたか。

（　　　　　　）

(2) おじいさんと　おばあさんは　なにを　しましたか。

（　　　　　　）

(3) こづちを　ふる　たびに　なにが　でて　きましたか。２こ　かきましょう。

（　　　　　　）（　　　　　　）

(4) ふたりが　なかよく　たのしく　くらせたのは、だれに　なにを　もらったからですか。

だれに（　　　　　　）

なにを（　　　　　　）

大きな　かぶ（1）

さいごう　たけひこ　やく

なまえ［　　　　　　　　　　　　　　　　　　　　］

おじいさんが、かぶの
たねを　まきました。
「あまい　あまい　かぶに　なれ。
大きな　大きな　かぶに　なれ。」

あまい　あまい、
大きな　大きな
かぶに　なりました。

（光村図書　こくご一年（上）かざぐるま　ロシア民話　さいごう　たけひこ訳）

うえの　ぶんを　よんで　こたえましょう。

(1)　おじいさんは　なにを　まきましたか。

（　　　　　　　　　　）

(2)　おじいさんは　どんな　かぶに　なってほしいと　おもっていますか。２こかきましょう。

（　　　　　　　　　　）

（　　　　　　　　　　）

大きな かぶ (2)
さいごう たけひこ やく

なまえ [　　　　]

おじいさんは、かぶを
ぬこうと しました。
「うんとこしょ、どっこいしょ。」
けれども、かぶは ぬけません。

おじいさんは、おばあさんを
よんで きました。
かぶを
おじいさんが ひっぱって、
おじいさんを
おばあさんが ひっぱって、
「うんとこしょ、どっこいしょ。」
それでも、かぶは ぬけません。

(光村図書 こくご一年(上) かざぐるま ロシア民話 さいごう たけひこ訳)

うえの ぶんを よんで こたえましょう。

(1) おじいさんが おばあさんを よんで きたのは どうして ですか。

(　　　　)

(2) かぶを ひっぱったのは だれですか。

(　　　　)

(3) おばあさんが ひっぱったのは だれ ですか。

(　　　　)

大きな かぶ(3)

さいごう たけひこ やく

なまえ［　　　　　　］

おばあさんは、まごを
よんで きました。
かぶを
おじいさんが ひっぱって、
おじいさんを
おばあさんが ひっぱって、
おばあさんを
まごが ひっぱって、
「うんとこしょ、どっこいしょ。」
やっぱり、かぶは ぬけません。

(光村図書 こくご一年(上)かざぐるま ロシア民話 さいごう たけひこ訳)

うえの ぶんを よんで こたえましょう。

(1) おばあさんは だれを よんで きましたか。

（　　　　　）

(2) おばあさんが ひっぱって いるのは だれですか。

（　　　　　）

(3) おばあさんを ひっぱって いるのは だれですか。

（　　　　　）

大きな かぶ（4）
さいごう たけひこ やく

なまえ［　　　　　　　　　　　　］

まごは、犬を よんで
きました。
かぶを
おじいさんが ひっぱって、
おじいさんを
おばあさんが ひっぱって、
おばあさんを
まごが ひっぱって、
まごを
犬が ひっぱって、
「うんとこしょ、どっこいしょ。」
まだまだ、かぶは ぬけません。

（光村図書 こくご一年（上）かざぐるま ロシア民話 さいごう たけひこ訳）

うえの ぶんを よんで こたえましょう。

（1） まごは だれを よんで きましたか。

（　　　　　　）

（2） まごは だれを ひっぱって いますか。

（　　　　　　）

（3） まごは だれに ひっぱられて いますか。

（　　　　　　）

（4） いちばん うしろで ひっぱって いるのは だれですか。

（　　　　　　）

大きな かぶ(5)

さいごう たけひこ やく

なまえ［　　　　　　　　　　　　］

犬は、ねこを よんで
きました。
かぶを
おじいさんが ひっぱって、
おじいさんを
おばあさんが ひっぱって、
おばあさんを
まごが ひっぱって、
まごを
犬が ひっぱって、
犬を
ねこが ひっぱって、
「うんとこしょ、どっこいしょ。」
なかなか、かぶは ぬけません。

（光村図書 こくご一年(上)かざぐるま ロシア民話 さいごう たけひこ訳）

うえの ぶんを よんで こたえましょう。

(1) 犬は だれを よんで きましたか。（　　　）

(2) 犬は だれを ひっぱって いますか。（　　　）

(3) 犬は だれに ひっぱられて いますか。（　　　）

(4) かぶを ひっぱって いる ひとを ○で あらわしました。①②は だれ ですか。

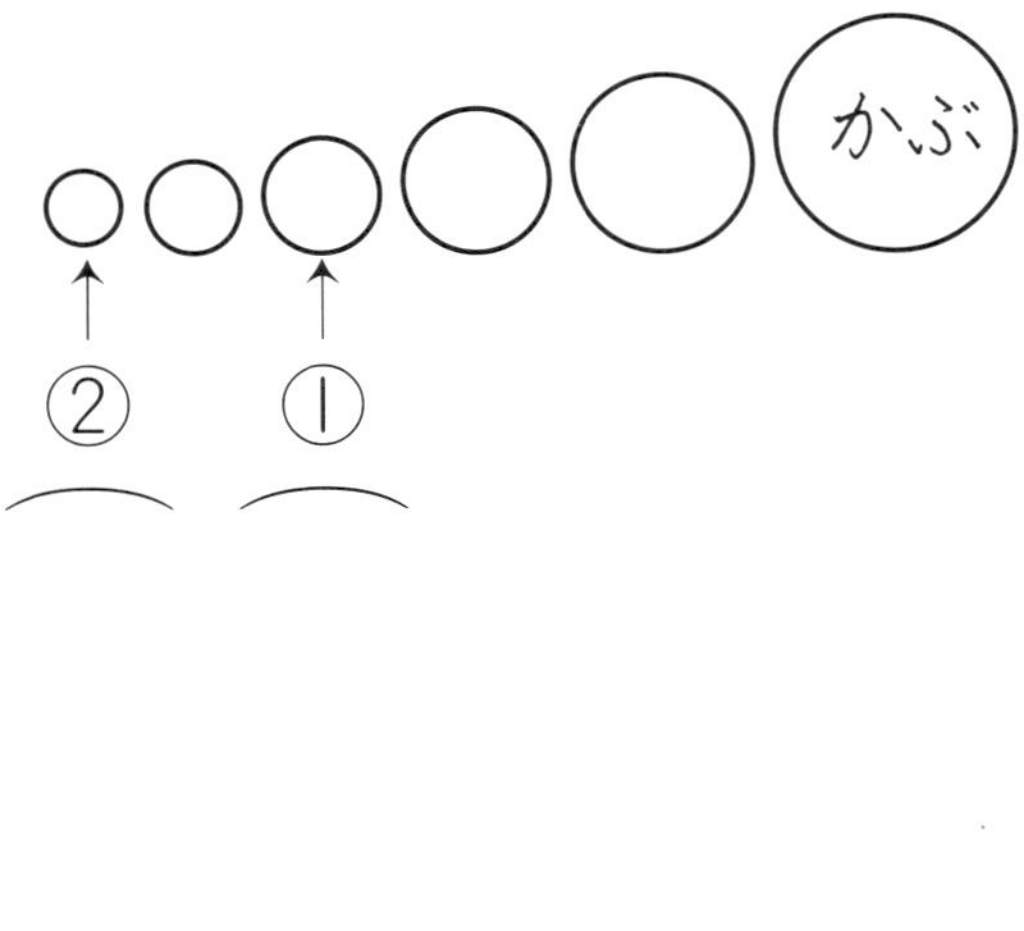

①（　　　）　②（　　　）

大きな かぶ(6)

さいごう たけひこ やく

なまえ［　　　　　　　　　　］

ねこは、ねずみを よんで
きました。
かぶを
おじいさんが ひっぱって、
おじいさんを
おばあさんが ひっぱって、
おばあさんを
まごが ひっぱって、
まごを
犬が ひっぱって、
犬を
ねこが ひっぱって、
ねこを
ねずみが ひっぱって、
「うんとこしょ、どっこいしょ。」
とうとう、かぶは ぬけました。

（光村図書　こくご一年(上)かざぐるま　ロシア民話　さいごう　たけひこ訳）

うえの ぶんを よんで こたえましょう。

(1) ねこは だれを よんで きましたか。
（　　　　　　　）

(2) いちばん うしろで ひっぱって いるのは だれですか。
（　　　　　　　）

(3) かぶは どう なりましたか。
（　　　　　　　）

(4) かぶを ひっぱって いる ひとを ○で あらわしました。おばあさんに あか、ねずみに くろいろを ぬりましょう。

（かぶ）○○○○○○○○

くじらぐも(1)

なまえ［　　　　　　　　］

四じかんめの　ことです。
一ねん二くみの　子どもたちが　たいそうを　して　いると、空に、大きな　くじらが　あらわれました。まっしろい　くもの　くじらです。
「一、二、三、四。」
くじらも、たいそうを　はじめました。のびたり　ちぢんだり　して、しんこきゅうも　しました。

（光村図書　こくご一年（下）　ともだち　なかがわ　りえこ）

うえの　ぶんを　よんで　こたえましょう。

(1) 子どもたちは　なにを　して　いましたか。

（　　　　　　　　）

(2) 空に　あらわれた　大きな　くじらと　おなじ　いみの　ことばを　かきましょう。

（　　　　　　　　）

(3) くじらは　なにを　はじめましたか。

（　　　　　　　　）

くじらぐも(2)

なまえ［　　　　　　　　　　　　　　　　　　］

みんなが　かけあしで　うんどうじょうを　まわると、くもの　くじらも、空を　まわりました。

せんせいが　ふえを　ふいて、とまれの　あいずを　すると、くじらも　とまりました。

（光村図書　こくご一年（下）ともだち　なかがわ　りえこ）

うえの　ぶんを　よんで　こたえましょう。

(1) みんなは　なにを　して　いますか。

（　　　　　　　　　　）

(2) みんなが　うんどうじょうを　まわると　くじらは　どう　しましたか。

（　　　　　　　　　　）

(3) くじらが　とまったのは　どうして　ですか。

（　　　　　　　　　　）

くじらぐも(3)

なまえ［　　　　　　　　　　］

「まわれ、右。」
せんせいが ごうれいを
かけると、くじらも、空で
まわれ右を しました。
「あの くじらは、きっと
がっこうが すきなんだね。」
みんなは、大きな こえで、
「おうい。」
と よびました。
「おうい。」
と、くじらも
こたえました。

(光村図書 こくご一年(下) ともだち なかがわ りえこ)

うえの ぶんを よんで こたえましょう。

(1) せんせいが ごうれいを かけると、くじらは どう しましたか。

（　　　　　　　　）

(2) みんなは くじらの ことを どう おもいましたか。

（　　　　　　　　）

(3) みんなが 大きな こえで「おうい。」と よぶと、くじらは どう しましたか。

（　　　　　　　　）

くじらぐも(4)

なまえ［　　　　　　　　　　］

「ここへ　おいでよう。」

みんなが　さそうと、

「ここへ　おいでよう。」

と、くじらも　さそいました。

「よし　きた。くもの
くじらに　とびのろう。」

男の子も、女の子も、
はりきりました。

（光村図書　こくご一年（下）　ともだち　なかがわ　りえこ）

うえの　ぶんを　よんで　こたえましょう。

(1) みんなが　さそうと、くじらは　どう　しましたか。

(2) みんなは　くじらに　さそわれて　どう　おもいましたか。

(3) 男の子も　女の子も　はりきって　いるのは　どうして　ですか。

くじらぐも(5)

なまえ［　　　　　　　　］

みんなは、手を　つないで、まるい

わに　なると、

「天まで　とどけ、一、二、三。」

と　ジャンプしました。でも、とんだ

のは、やっと　三十センチぐらいです。

「もっと　たかく。もっと　たかく。」

と、くじらが　おうえんしました。

「天まで　とどけ、一、二、三。」

こんどは、五十センチぐらい　とべ

ました。

「もっと　たかく。もっと　たかく。」

と、くじらが　おう

えんしました。

「天まで　とどけ、

一、二、三。」

（光村図書　こくご一年（下）ともだち　なかがわ　りえこ）

うえの　ぶんを　よんで　こたえましょう。

(1) みんなは　さいしょの　ジャンプで　どれくらい　とびましたか。

（　　　　　　）

(2) みんなの　ジャンプを　みて　くじらは　どう　しましたか。

（　　　　　　）

(3) みんなは　二かいめの　ジャンプで　どれくらい　とべましたか。

（　　　　　　）

くじらぐも(6)

なまえ［　　　　　　　　　　　　　　　　］

その　ときです。

いきなり、かぜが、みんなを　空へ　ふきとばしました。

そして、あっと　いう　まに、せんせいと　子どもたちは、手を　つないだ　まま、くもの　くじらに　のって　いました。

（光村図書　こくご一年（下）ともだち　なかがわ　りえこ）

うえの　ぶんを　よんで　こたえましょう。

(1)　かぜが　みんなを　どう　しましたか。

（　　　　　　　　）

(2)　せんせいと　子どもたちは　どう　なりましたか。

（　　　　　　　　）

くじらぐも(7)

なまえ［　　　　　　］

①「さあ、およぐぞ。」
くじらは、あおい　あおい　空の　なかを、げんき　いっぱい　すすんで　いきました。うみの　ほうへ、むらの　ほうへ、まちの　ほうへ。

みんなは、うたを　うたいました。空は、どこまでも　どこまでも　つづきます。
②「おや、もう　おひるだ。」
せんせいが　うでどけいを　見て、おどろくと、

「では、かえろう。」

と、くじらは、まわれ右を　しました。

（光村図書　こくご一年（下）ともだち　なかがわ　りえこ）

うえの　ぶんを　よんで　こたえましょう。

(1) ①「さあ、およぐぞ。」②「おや、もう　おひるだ。」は　だれが　いいましたか。

①（　　　　）
②（　　　　）

(2) みんなは　なにを　しましたか。

（　　　　）

(3) せんせいが　おどろいたのは　なぜですか。

（　　　　）

(4) くじらが　まわれ右を　したのは　どうしてですか。

（　　　　）

くじらぐも(8)

なまえ［　　　　　　　　］

しばらく　いくと、がっこうの
やねが、見えて　きました。
くじらぐもは、ジャングルジムの
うえに、みんなを　おろしました。
「さようなら。」
みんなが　手を　ふった　とき、四
じかんめの　おわりの　チャイムが
なりだしました。
「さようなら。」
くもの　くじらは、また、
げんき　よく、あおい　空の
なかへ　かえって　いきました。

（光村図書　こくご一年（下）　ともだち　なかがわ　りえこ）

うえの　ぶんを　よんで　こたえましょう。

(1) みんなが「さようなら。」と　手を　ふった　とき、なにが　なりだしましたか。

（　　　　　　　　）

(2) げんき　よく　あおい　空の　なかへ　かえって　いったのは　だれですか。

（　　　　　　　　）

たぬきの　糸車(1)

なまえ［　　　　　　　　］

むかし、ある　山おくに、きこりの　ふうふが　すんで　いました。山おくの　一けんやなので、まいばんのように　たぬきが　やって　きて、いたずらを　しました。そこで、きこりは　わなを　しかけました。

ある　月の　きれいな　ばんの　こと、おかみさんは、糸車を　まわして、糸を　つむいで　いました。

キーカラカラ　キーカラカラ
キークルクル　キークルクル

(光村図書　こくご一年(下)　ともだち　きし　なみ)

うえの　ぶんを　よんで　こたえましょう。

(1) 山おくに　すんで　いたのは　だれですか。

（　　　　　　）

(2) まいばんのように　やってきたのは　だれ(なに)ですか。

（　　　　　　）

(3) きこりが　わなを　しかけたのは　どうしてですか。

（　　　　　　）

たぬきの 糸車(2)

なまえ［　　　　　　　　　　］

ふと 気が つくと、やぶれしょうじの あなから、二つの くりくりした 目玉が、こちらを のぞいて いました。

糸車が キークルクルと まわるに つれて、二つの 目玉も、くるりくるりと まわりました。

そして、月の あかるい しょうじに、糸車を まわす まねを する たぬきの かげが うつりました。

（光村図書 こくご一年（下） ともだち きし なみ）

うえの ぶんを よんで こたえましょう。

(1) 二つの くりくりした 目玉は、だれ（なに）の 目玉 ですか。ただしい ものに ○を しましょう。

（　）たぬき　（　）おかみさん

（　）きこり

(2) 糸車が まわると、二つの 目玉は どうなりましたか。

（　　　　　　　　　　）

(3) 月の あかるい しょうじに、だれの どんな かげが うつって いましたか。

だれの（　　　　　）

どんな かげ（　　　　　　　　　　）

たぬきの 糸車(3)

なまえ［　　　　　　］

おかみさんは、おもわず ふき出しそうに なりましたが、だまって 糸車を まわして いました。

それからと いう もの、たぬきは、まいばん まいばん やって きて、糸車を まわす まねを くりかえしました。

「いたずらもんだが、かわいいな。」

（光村図書 こくご一年（下） ともだち きし なみ）

うえの ぶんを よんで こたえましょう。

(1) 糸車を まわして いる おかみさんの ようすで ただしい ほうに ○を しましょう。

（　） わらいながら 糸車を まわして いました。

（　） だまって 糸車を まわして いました。

(2) たぬきは まいばん やって きて なにを くりかえしましたか。

（　　　　　　）

(3) おかみさんは たぬきを どう おもいましたか。

（　　　　　　）

たぬきの 糸車(4)

なまえ［　　　　］

ある ばん、こやの うらで、キャーッと いう さけびごえが しました。おかみさんが こわごわ いって みると、いつもの たぬきが、わなに かかって いました。

「かわいそうに。わなに なんか かかるんじゃ ないよ。たぬきじる に されて しまうで。」

おかみさんは、そう いって、たぬきを にがして やりました。

(光村図書 こくご一年(下) ともだち きし なみ)

うえの ぶんを よんで こたえましょう。

(1) キャーッと いう さけびごえを あげたのは だれ(なに)ですか。

（　　　　）

(2) わなに かかって いたのは だれ(なに)ですか。

（　　　　）

(3) おかみさんは、わなに かかった たぬきを どうしましたか。

（　　　　）

たぬきの　糸車(5)

なまえ［　　　　　　　　］

やがて、山の　木の　はが　おちて、ふゆが　やって　きました。ゆきが　ふりはじめると、きこりの　ふうふは、村へ下りて　いきました。

はるに　なって、また、きこりの　ふうふは、山おくのこやに　もどって　きました。

とを　あけた　とき、おかみさんは　あっと　おどろきました。いたの間（ま）に、白い　糸の　たばが、山のように　つんで　あったのです。そのうえ、ほこりだらけの　はずの　糸車には、まきかけた　糸まで　かかって　います。

（光村図書　こくご一年（下）　ともだち　きし　なみ）

うえの　ぶんを　よんで　こたえましょう。

(1) ゆきが　ふりはじめると、きこりの　ふうふは、どこから　どこへ　下りて　いきましたか。

（　　　　）から（　　　　）へ

(2) こやの　とを　あけた　おかみさんは　どんな　ようす　でしたか。

（　　　　）

(3) いたの間（ま）に、山の　ように　つんで　あったものは　なにですか。

（　　　　）

(4) ほこりだらけの　はずの　糸車に　かかって　いたものは　なにですか。

（　　　　）

たぬきの 糸車(6)

なまえ［　　　　　　　　　　］

「はあて、ふしぎな。
どう した こっちゃ。」
おかみさんは、そう おもいなが
ら、土間で ごはんを たきはじ
めました。すると、
キーカラカラ　キーカラカラ
キークルクル　キークルクル
と、糸車の まわる 音が、きこ
えて きました。びっくりして
ふりむくと、いたどの
かげから、ちゃいろの
しっぽが ちらりと
見えました。

（光村図書　こくご一年（下）　ともだち　きし　なみ）

うえの ぶんを よんで こたえましょう。

(1) おかみさんは「ふしぎな。」と おもいながら、なにを しましたか。

（　　　　　　　　　　）

(2) おかみさんが びっくりして ふりむいたのは どうしてですか。

（　　　　　　　　　　）

(3) いたどの かげから 見えた ものは なにですか。

（　　　　　　　　　　）

たぬきの 糸車(7)

なまえ［　　　　　　　　］

そっと のぞくと、いつかの
たぬきが、じょうずな 手つきで、
糸を つむいで いるのでした。
たぬきは、つむぎおわると、こん
どは、いつも おかみさんが し
て いた とおりに、たばねて
わきに つみかさねました。
　たぬきは、ふい
に、おかみさんが
のぞいて いるの
に 気が つきました。
　たぬきは、ぴょこんと
そとに とび下りました。そして、
①うれしくて たまらないと いう
ように、ぴょんぴょこ おどりな
がら かえって いきましたとさ。

（光村図書　こくご一年（下）　ともだち　きし　なみ）

うえの ぶんを よんで こたえましょう。

(1) たぬきは なにを して いましたか。
二つ かきましょう。

（　　　　）

（　　　　）

(2) たぬきは なにに 気が つきましたか。

（　　　　）

(3) ①うれしくて たまらないと いうように、ぴょんぴょこ おどりながら かえって いきましたとさ。 と かいて ありますが、たぬきは なにが うれしくて たまらなかったのでしょう。

（　　　　）

おおきな かぶ(1)

うちだ りさこ やく

なまえ［　　　　　　］

おじいさんが、かぶの たねを
まきました。
「あまい あまい かぶに なれ。
おおきな おおきな かぶに
なれ。」

あまい、げんきの よい、
とてつもなく おおきい かぶが
できました。

（東京書籍 新編 あたらしいこくご一年（上） ロシア民話 うちだ りさこ訳）

※「おおきな かぶ」の教材は、教育出版・大阪書籍・学校図書の十七年度版一年生国語教科書にも掲載されています。

うえの ぶんを よんで こたえましょう。

(1) おじいさんは なにを まきましたか。

（　　　　　）

(2) おじいさんは どんな かぶに なって ほしいと おもいましたか。2こ かきましょう。

（　　　　　）

（　　　　　）

(3) あまい、げんきの よい、どんな かぶが できましたか。

（　　　　　）

おおきな かぶ(2)

うちだ りさこ やく

なまえ［　　　　　　　　　　］

おじいさんは、かぶを ぬこうと
しました。
「うんとこしょ、どっこいしょ。」
ところが、かぶは ぬけません。

おじいさんは、おばあさ
んを よんで きました。

おばあさんが おじい
さんを ひっぱって、
おじいさんが かぶを ひっぱって、
「うんとこしょ、どっこいしょ。」
それでも、かぶは ぬけません。

（東京書籍 新編 あたらしいこくご一年（上） ロシア民話 うちだ りさこ訳）

うえの ぶんを よんで こたえましょう。

(1) おじいさん ひとりで かぶは ぬけましたか。

（　　　　　　）

(2) おじいさんは だれを よんで きましたか。

（　　　　　　）

(3) おばあさんは だれを ひっぱって いますか。

（　　　　　　）

(4) おじいさんと おばあさんの ふたりで かぶは ぬけましたか。

（　　　　　　）

おおきな かぶ(3)

うちだ りさこ やく

なまえ［　　　　　　　　　　］

おばあさんは、まごを よんで
きました。
まごが おばあさんを
ひっぱって、
おばあさんが おじいさんを
ひっぱって、
おじいさんが かぶを ひっぱって、
「うんとこしょ、どっこいしょ。」
まだ まだ、かぶは
ぬけません。

（東京書籍 新編 あたらしいこくご一年（上） ロシア民話 うちだ りさこ訳）

うえの ぶんを よんで こたえましょう。

(1) おばあさんは だれを よんで きましたか。

（　　　　　　　）

(2) なんにんで かぶを ぬこうと して いますか。

（　　　　　　　）

(3) まごは だれを ひっぱって いますか。

（　　　　　　　）

(4) かぶは ぬけましたか。

（　　　　　　　）

おおきな かぶ(4)

うちだ りさこ やく

なまえ［　　　　　　　　］

まごは、いぬを よんで
きました。
いぬが まごを ひっぱって、
まごが おばあさんを
ひっぱって、
おばあさんが おじいさんを
ひっぱって、
おじいさんが かぶを ひっぱって、
「うんとこしょ、どっこいしょ。」
まだ まだ、まだ まだ、
ぬけません。

（東京書籍 新編 あたらしいこくご一年（上） ロシア民話 うちだ りさこ訳）

うえの ぶんを よんで こたえましょう。

(1) まごは だれを よんで きましたか。

（　　　　　）

(2) まごを ひっぱって いるのは だれですか。

（　　　　　）

(3) おばあさんは だれを ひっぱって いますか。

（　　　　　）

(4) かぶは どう なりましたか。

（　　　　　）

おおきな かぶ(5)

うちだ りさこ やく

なまえ［　　　　］

いぬは、ねこを よんで きました。
ねこが いぬを ひっぱって、
いぬが まごを ひっぱって、
まごが おばあさんを
ひっぱって、
おばあさんが おじいさんを
ひっぱって、
おじいさんが かぶを ひっぱって、
「うんとこしょ、どっこいしょ。」
それでも、かぶは ぬけません。

(東京書籍 新編 あたらしいこくご一年(上) ロシア民話 うちだ りさこ訳)

うえの ぶんを よんで こたえましょう。

(1) いぬは だれを よんで きましたか。
（　　　）

(2) ねこが ひっぱって いるのは だれですか。
（　　　）

(3) 「うんとこしょ、どっこいしょ。」と いったのは だれですか。
（　　　）（　　　）（　　　）

(4) かぶは どう なりましたか。
（　　　）

おおきな かぶ(6)

うちだ りさこ やく

なまえ［　　　　　　　　　　］

ねこは、ねずみを よんで
きました。
ねずみが ねこを ひっぱって、
ねこが いぬを ひっぱって、
いぬが まごを ひっぱって、
まごが おばあさんを
ひっぱって、
おばあさんが おじいさんを
ひっぱって、
おじいさんが かぶを ひっぱって、
「うんとこしょ、どっこいしょ。」
やっと、かぶは ぬけました。

（東京書籍 新編 あたらしいこくご一年（上） ロシア民話 うちだ りさこ訳）

うえの ぶんを よんで こたえましょう。

(1) ねこは だれを よんで きましたか。

（　　　　　　　　）

(2) ねずみが ひっぱって いるのは だれですか。

（　　　　　　　　）

(3) かぶは どう なりましたか。

（　　　　　　　　）

(4) かぶを ひっぱって いる ひとや どうぶつは なんにんと なんびきですか。

（　　）にんと（　　）びき

サラダで げんき(1)

なまえ［　　　　　　　　］

りっちゃんは、おかあさんが びょうきなので、なにか いい ことを して あげたいと おもいました。

「かたを たたいて あげようかな。なぞなぞごっこを して あげようかな。くすぐって、わらわせて あげようかな。でも、もっと もっと いい ことは ないかしら。おかあさんが、たちまち げんきに なって しまうような こと。」

（東京書籍 新編あたらしいこくご一年（下） かどの えいこ）

うえの ぶんを よんで こたえましょう。

(1) だれが びょうきに なりましたか。

（　　　　　　　）

(2) りっちゃんが おかあさんに して あげたいと おもった いい ことを 三つ かきましょう。

（　　　　　　　）（　　　　　　　）（　　　　　　　）

(3) りっちゃんは もっと もっと いい ことを して、おかあさんに どうなって ほしいと おもって いますか。

（　　　　　　　）

サラダで げんき(2)

なまえ［　　　　　　　　］

りっちゃんは、いっしょうけんめい かんがえました。

「あっ、そうだわ。おいしい サラダを つくって あげよう。げんきに なる サラダを つくって あげよう。」

りっちゃんは、れいぞうこを あけて 中を のぞきました。

りっちゃんは、サラダを つくりはじめました。きゅうりを トン トン トン、キャベツは シャ シャ シャキ、トマトも ストン トン トンと きって、おおきな おさらに のせました。

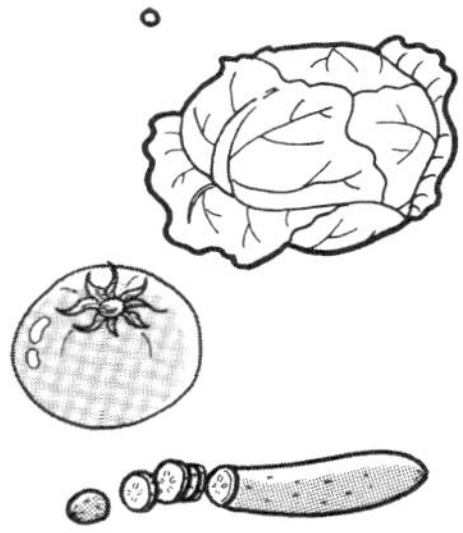

（東京書籍 新編あたらしいこくご一年（下） かどの えいこ）

うえの ぶんを よんで こたえましょう。

(1) りっちゃんは なにを つくろうと おもいましたか。

（　　　　）

(2) りっちゃんが れいぞうこを あけて 中を のぞいたのは どうして ですか。

（　　　　）

(3) りっちゃんが おおきな おさらに のせたものを 三つ かきましょう。

（　　　　）（　　　　）（　　　　）

サラダで げんき(3)

なまえ［　　　　　　　　　］

すると、のらねこが、のっそり入って きて いいました。

「サラダに かつおぶしを 入れると いいですよ。すぐに げんきに なりますよ。木のぼり だって じょうずに なりますよ。ねこみたいにね。」

「おしえて くれて ありがとう。」

りっちゃんは、さっそく かつおぶしを サラダに かけました。

（東京書籍　新編あたらしいこくご一年（下）　かどの えいこ）

うえの ぶんを よんで こたえましょう。

(1) のらねこは サラダに なにを 入れると いいと いいましたか。

（　　　　　　）

(2) のらねこは、じぶんの いったものを 入れると どうなると いいましたか。二つ かきましょう。

（　　　　　　）

（　　　　　　）

(3) りっちゃんは さっそく どう しましたか。

（　　　　　　）

サラダで げんき(4)

なまえ［　　　　］

そこへ、となりの　犬が　とびこんで　きました。

「なんと　いっても、ハムサラダが　いちばんさ。これを　たべると、ほっぺたが　たちまちももいろに　ひかりだす。ハムみたいにね。」

「おしえて　くれて　ありがとう。」

りっちゃんは、おおいそぎでサラダに　ハムを　入れました。

（東京書籍　新編あたらしいこくご一年（下）かどの　えいこ）

うえの　ぶんを　よんで　こたえましょう。

(1)　となりの　犬は、なにが　いちばんと　いいましたか。

（　　　　）

(2)　となりの　犬は、じぶんが　いったものを　たべると　どうなると　いいましたか。

（　　　　）

(3)　りっちゃんは　どう　しましたか。

（　　　　）

サラダで げんき(5)

なまえ［　　　　　　　　　　］

まどに　すずめが　とんで　きて　いいました。
「チュッ、チュッ。とうもろこし入れなきゃ、げんきに　なれない。うたも　じょうずに　なれない。チュッ、チュッ。チュピ、チュピ、チュ。」

「まあ、ありがとう。チュピ、チュピ、チュ。」
りっちゃんは、サラダに　ゆでた　とうもろこしを　入れました。

（東京書籍　新編あたらしいこくご一年（下）　かどの　えいこ）

うえの　ぶんを　よんで　こたえましょう。

(1) すずめは、サラダに　なにを　入れると　いいと　いいましたか。

（　　　　　　　　）

(2) すずめが　いったものを　入れないと　どうなると　いいましたか。二つ　かきましょう。

（　　　　　　　　）

（　　　　　　　　）

(3) りっちゃんは　サラダに　なにを　入れましたか。

（　　　　　　　　）

サラダで げんき(6)

なまえ［　　　　　　］

あしもとで、こそこそと、ちいさな 音が しました。

「あら、だれかしら。」

「ぼく、ぼくですよ。」

ありが ずらりと ならんで いました。

「サラダには おさとうを ちょっぴり。これが こつ。おかげで、ありは いつも はたらきものさ。」
「まあ、おしえて くれて ありがとう。じゃ、ちょっとだけ。」

（東京書籍　新編あたらしいこくご一年（下）かどの えいこ）

うえの ぶんを よんで こたえましょう。

(1) あしもとで、こそこそと、ちいさな 音を させたのは だれですか。

（　　　　　）

(2) ありは、なにの おかげで いつも はたらきもの なのですか。

（　　　　　）

(3) りっちゃんは、サラダに なにを どれくらい 入れましたか。

（　　　　　）

サラダで げんき(7)

なまえ［　　　　］

こんどは、おまわりさんを のせた うまが やって きました。

「なんと いっても、サラダに は にんじん。おかげで、か けっこは いつも 一とうし ょう。」

「まあ、ありがとう。」

（東京書籍　新編あたらしいこくご一年（下）かどの えいこ）

うえの ぶんを よんで こたえましょう。

(1) うまは サラダに なにを 入れると いいと いいましたか。

（　　　　）

(2) うまは にんじんを 入れた サラダの おかげで どうなって いると いいましたか。

（　　　　）

(3) りっちゃんは どうしたと おもいますか。

（　　　　）

サラダで
げんき(8)

なまえ［　　　　　　　　　　　　］

そのとき、

「でんぽうでえす。」

と、こえがして、でんぽうがとどきました。

「サラダにはうみのこんぶ入れろ、かぜひかぬ、いつもげんき。ほっきょくかい白くまより。」

りっちゃんは、こえを出してでんぽうをよむと、こんぶをきって、サラダに入れました。

（東京書籍　新編あたらしいこくご一年（下）かどの えいこ）

うえの ぶんを よんで こたえましょう。

(1) でんぽうは だれから きましたか。
（　　　　　　　　）

(2) でんぽうは どこから きましたか。
（　　　　　　　　）

(3) でんぽうには サラダに なにを 入れろと かいて ありましたか。
（　　　　　　　　）

(4) でんぽうを よんで、りっちゃんは どう しましたか。
（　　　　　　　　）

サラダで げんき(9)

なまえ［　　　　　　　　　］

「さあ、これで できあがり。」
「おかあさん、サラダが できましたよ。いっしょに いただきましょう。」
りっちゃんは、おおきな こえで いいました。

とつぜん、キューン、ゴー ゴー、キューと いう 音が して、ひこうきが とまると、アフリカぞうが せかせかと おりて きました。
「まにあって よかった よかった。ひとつ おてつだいしましょう。」
「ありがとう。でも、もう できあがったの。」
りっちゃんは いいました。

（東京書籍 新編あたらしいこくご一年（下） かどの えいこ）

うえの ぶんを よんで こたえましょう。

(1) ひこうきに のって やって きたのは だれですか。

（　　　　　）

(2) アフリカぞうは なにに まにあって よかったと いって いるのでしょう。

（　　　　　）

(3) アフリカぞうは なにを しようと いいましたか。

（　　　　　）

サラダで げんき(10)

なまえ［　　　　］

「いや いや、これからが ぼくの ①しごと。」

アフリカぞうは、サラダに あぶらと しおと すを かけると、スプーンを はなで にぎって、力づよく ②くりん くりんと まぜました。

「おかあさん、さあ、いっしょに サラダを いただきましょ。」

と、りっちゃんは いいました。

りっちゃんの おかあさんは、サラダを たべて、たちまち げんきに なりました。

(東京書籍 新編あたらしいこくご一年(下) かどの えいこ)

うえの ぶんを よんで こたえましょう。

(1) ①しごとと かいてありますが、アフリカぞうは どんな しごとを しましたか。

（　　　　）

(2) ②くりん くりんは アフリカぞうが なにを している ようす ですか。（　）に ○を つけましょう。

（　） スプーンを はなで にぎって いる ようす。

（　） サラダを 力づよく まぜて いる ようす。

(3) サラダを たべて、りっちゃんの おかあさんは どう なりましたか。

（　　　　）

おとうとねずみ チロ(1)

なまえ［　　　　　　　　　　］

ある 日、三びきの ねずみの きょうだいの ところへ、おばあちゃんから 手がみが とどきました。
それには、こんな ことが かいて ありました。

> あたらしい けいとで、①おまえたちの チョッキを あんで います。けいとの いろは、赤と 青です。もう すぐ あみあがります。たのしみに まって いて ください。

（東京書籍 新編 あたらしいこくご一年(下) もりやま みやこ）

うえの ぶんを よんで こたえましょう。

(1) だれから 手がみが とどきましたか。

（　　　　　　）

(2) おばあちゃんは なにで なにを あんで いますか。

なにで（　　　　　　）

なにを（　　　　　　）

(3) ①おまえたちとは だれの ことですか。

（　　　　　　）

おとうとねずみ チロ(2)

なまえ［　　　　　　　　　　］

さあ、三びきは　大よろこび。

「ぼくは　赤が　いいな。」

にいさんねずみが　いいました。

「わたしは　青が　すき。」

ねえさんねずみが　いいました。

「ぼくは　赤と　青。」

おとうとねずみが　いいました。
①「チロのは　ないよ。」
にいさんねずみが　いいました。
チロと　いうのは、
おとうとねずみの
名まえです。
「そうよ。青いのと
赤いのだけよ。」
ねえさんねずみが　いいました。

（東京書籍　新編　あたらしいこくご一年(下)　もりやま　みやこ）

うえの　ぶんを　よんで　こたえましょう。

(1)　にいさんねずみ、ねえさんねずみ、おとうとねずみは　なにいろが　いいと　いいましたか。

にいさんねずみ（　　　　　）
ねえさんねずみ（　　　　　）
おとうとねずみ（　　　　　）

(2)　おとうとねずみは　なんという　名まえですか。

（　　　　　）

(3)　①「チロのは　ないよ。」にいさんねずみが　いいました。のあと、ねえさんねずみは　なんと　いいましたか。

（　　　　　）

おとうとねずみ チロ(3)

なまえ［　　　　］

「そんな こと ないよ。ぼくの
も あるよ。」
チロは、あわてて いいかえし
ましたが、ほんとうは、とても
しんぱいでした。
もしかすると、おばあちゃんは、
いちばん 小さい チロの こと
を わすれて しまったのかもし
れません。
「そうだったら、どう しよう。」
にいさんねずみや ねえさんね
ずみと ちがって、チロは、まだ
字が かけません。
だから、手がみで お
ばあちゃんに たのむ
ことも できないのです。

（東京書籍 新編 あたらしいこくご一年(下) もりやま みやこ）

うえの ぶんを よんで こたえましょう。

(1) チロが あわてて いいかえした ことばを かきましょう。

（　　　　）

(2) チロが とても しんぱいしたのは どうしてですか。

（　　　　）

(3) チロが おばあちゃんに 手がみで たのむことが できないのは どうしてですか。

（　　　　）

おとうとねずみ チロ(4)

なまえ［　　　　　　　　］

「そうだ、いい　こと
かんがえた。」
チロは、そとへ　と
び出して　いきました。
どんどん　どんどん
はしって　いって、おか
の　上まで　のぼりました。
おかの　てっぺんの　木に　た
つと、たにを　はさんで、たかい
山が　みえました。
おばあちゃんの　うちは、あの
山の　ずっと　むこうがわに　あ
ります。

（東京書籍　新編　あたらしいこくご一年(下)　もりやま　みやこ）

うえの　ぶんを　よんで　こたえましょう。

(1) チロは　はしって　どこへ　いきましたか。

（　　　　　　　）

(2) チロは　どこに　たちましたか。

（　　　　　　　）

(3) おばあちゃんの　うちは　どこに　ありますか。

（　　　　　　　）

おとうとねずみ チロ(5)

なまえ［　　　　］

「おばあちゃあん……。」

チロは、ひとこえ よびました。

すると、まあ、どうした ことでしょう。
①「おばあちゃあん、おばあちゃあん、おばあちゃあん、おばあちゃあん……。」
チロの こえは、くりかえし ひびきながら、だん だん だんだん とおく なって いくでは ありませんか。
「ぼくの こえが とんでった。おばあちゃんちへ とんでった。」

（東京書籍 新編 あたらしいこくご一年(下) もりやま みやこ）

うえの ぶんを よんで こたえましょう。

(1) ①で「おばあちゃあん」の じの 大きさが ちがって いるのは どうして でしょう。

(2) 「おばあちゃあん」と ひとこえ よんだ チロの こえは どうなりましたか。

(3) チロは じぶんの こえが どうなったと おもいましたか。

おとうとねずみ チロ(6)

なまえ [　　　　]

チロは、うれしがって とびはねると、まえよりも こえを はり上げて いいました。
「ぼくは、チロだよう。」
すると、こんども チロの こえは、くりかえしながら だんだん ほそく、小さく なって いきました。

チロは、大きく 口を あけ、いちばん だいじな ことを いいました。
「ぼくにも チョッキ、あんでね。」
チロは、「あんでね。」が きえて しまうまで、じっと 耳を すまして いました。

（東京書籍　新編　あたらしいこくご一年(下)　もりやま　みやこ）

うえの ぶんを よんで こたえましょう。

(1) 「ぼくは、チロだよう。」という こえは どうなって いきましたか。

(2) チロの いった いちばん だいじな ことばを かきましょう。

(3) チロは、「あんでね。」が きえて しまうまで、どうして いましたか。

おとうとねずみ チロ（7）

なまえ［　　　　　　　　　　］

なん日か　たって、おばあちゃん
から　小づつみが　とどきました。
中には、けいとの　チョッキが、
三まい　入って　いました。
いちばん　大きいのが、赤。つぎ
が、青。小さいのは、赤と　青の
よこじまでした。
「あ、しましまだ。だあいすき。」
チロは、さっそく
チョッキを　きると、
おかの　てっぺんへ
かけのぼりました。

（東京書籍　新編　あたらしいこくご一年（下）　もりやま　みやこ）

うえの　ぶんを　よんで　こたえましょう。

(1) おばあちゃんからの　小づつみには
なにが　入って　いましたか。

(2) チロの　チョッキは　どんな　チョッキ
でしたか。

(3) チョッキを　きた　チロは　どうし
ましたか。

おとうとねずみ チロ(8)

なまえ［　　　　　　］

「おばあちゃあん、ぼくは チロだよう。しましまの チョッキ、ありがとう。」

チロは、大ごえで さけびました。そして、「ありがとう。」が きえるのを まって、もう 一ど、こんどは ゆっくり いいました。

「あ、り、が、と、う。」

（東京書籍　新編　あたらしいこくご一年(下)　もりやま　みやこ）

うえの ぶんを よんで こたえましょう。

(1) チロの チョッキは どんな チョッキですか。

（　　　　）

(2) チロは 大ごえで なんと さけんだのでしょう。

（　　　　）

(3) 二かいめの「ありがとう。」は どんな ふうに いいましたか。

（　　　　）

(4) チロは なぜ「ありがとう。」を 二かい いったのでしょう。

（　　　　）

けんかした 山(1)

なまえ［　　　　］

たかい　山が、ならんで
たって　いました。
いつも　せいくらべを
しては、けんかばかり
して　いました。
「けんかを　やめろ。」
お日さまが　いいました。
お月さまも　いいました。
「おやめなさい。
そうで　ないと、
もりの　どうぶつたちは、
あんしんして　ねて
いられないから。」
それでも、どちらの　山も
いう　ことを　ききません。

（教育出版　ひろがることば　しょうがくこくご一年（上）　あんどう　みきお）

うえの　ぶんを　よんで　こたえましょう。

(1) どんな　山が　ならんで　いましたか。

（　　　　）

(2) 「けんかを　やめろ。」と　いったのは　だれですか。

（　　　　）

(3) 山たちに　けんかを　やめて　ほしいのは　なぜですか。

（　　　　）

(4) 山たちは　けんかを　やめましたか。

（　　　　）

けんかした 山(2)　なまえ［　　　　　　　　］

ある 日の ことでした。
とうとう、りょうほうの 山が、まけずに どっと 火を ふきだしました。
たくさんの みどりの 木が、あっと いう まに、火に つつまれました。

（教育出版 ひろがることば しょうがくこくご一年（上） あんどう みきお）

うえの ぶんを よんで こたえましょう。

(1) 山は いくつ あったのでしょう。

（　　　　）

(2) りょうほうの 山は なにを しましたか。

（　　　　）

(3) みどりの 木は どう なりましたか。

（　　　　）

けんかした 山(3)

なまえ［　　　　　　］

ことりたちが、くちぐちに
いいました。
「お日さま。はやく
くもを　よんで、
あめを　ふらせて　ください。
わたしたちも　よびに
いきますから。」

（教育出版　ひろがることば　しょうがくこくご一年（上）　あんどう　みきお）

うえの　ぶんを　よんで　こたえましょう。

(1) ことりたちは　お日さまに　なにを　よんで　ほしいと　いいましたか。

（　　　　　　）

(2) ことりたちは　くもに　なにを　して　もらいたいのでしょう。

（　　　　　　）

(3) わたしたちとは　だれの　ことですか。

（　　　　　　）

(4) わたしたちも　なにを　よびに　いくのですか。

（　　　　　　）

けんかした 山(4)

なまえ［　　　　　　　　　　］

お日さまは、くもを
よびました。
くろい くもが、
わっさ わっさと あつまって、
どんどん あめを
ふらせました。
火の きえた 山は、
しょんぼりと かおを
みあわせました。

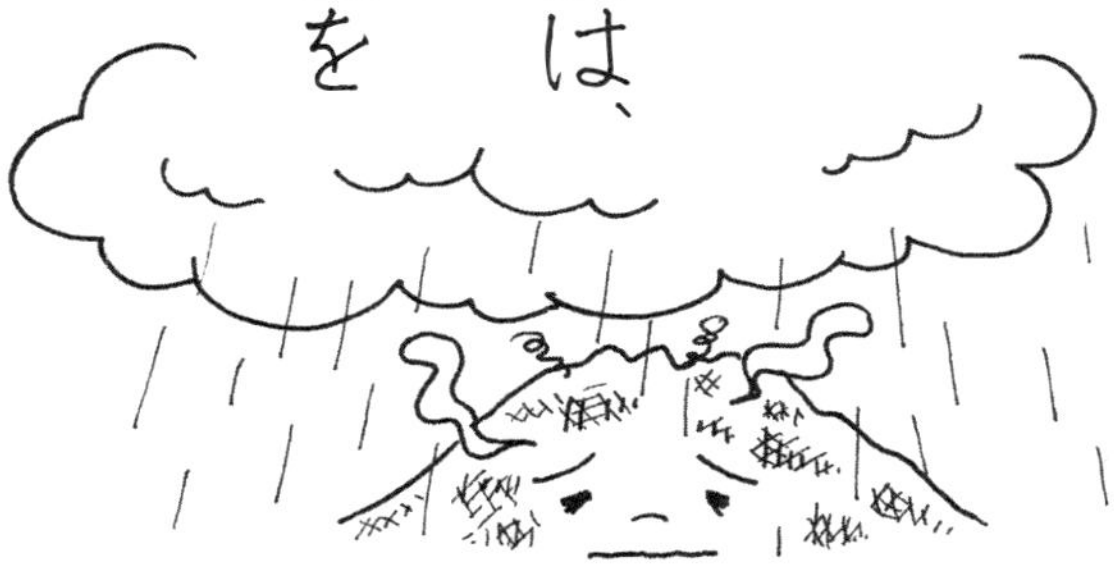

（教育出版 ひろがることば しょうがくこくご一年(上) あんどう みきお）

うえの ぶんを よんで こたえましょう。

(1) お日さまは なにを よびましたか。

(2) くろい くもは なにを しましたか。

(3) 火の きえた 山は どう しましたか。

けんかした 山(5)

なまえ［　　　　　　　　］

（教育出版　ひろがることば　しょうがくこくご一年（上）　あんどう　みきお）

一ねん、二ねん、三ねん
たちました。
なんねんも
なんねんも
たちました。
山は、すっかり
みどりに
つつまれました。

うえの ぶんを よんで こたえましょう。

(1) 山が すっかり みどりに つつまれるのに どれくらい かかりましたか。

（　　　　　　　　）

(2) 山が みどりに つつまれたのは なぜですか。（　）に 一つ ○を しましょう。

（　）なんねんも たって 山に また たくさんの 木が はえたから。

（　）なんねんも たって 山の 木が もえて しまったから。

（　）なんねんも たって 山に すこしだけ 木が はえたから。

うみへの ながい たび(1)

なまえ［　　　　］

一

白くまの　きょうだいだ。
ふゆの　あいだじゅう、　生まれてから　ずっと　すごして　きたあなの　中と　くらべて、ここはなんと　あかるい　ことか。二人の　あたまの　うえには、　ぬけるような　青い　はるの空が　ひろがって　いる。
見わたす　かぎりひろがる　ゆきのはらの　白さが、まぶしすぎる。
それでも　二人は、目を　まんまるに　見ひらいて、はじめてのそとの　せかいを　ながめて　いる。いくら　ながめて　いても、あきないぞ……。

（教育出版　ひろがることば　しょうがくこくご一年（下）　いまえ　よしとも）

うえの　ぶんを　よんで　こたえましょう。

(1)　白くまの　きょうだいは　ふゆの　あいだじゅう　どこで　すごして　きましたか。

（　　　　）

(2)　二人の　あたまの　うえには、なにが　ひろがって　いますか。

（　　　　）

(3)　二人が　いくら　ながめて　いても　あきないのは　どうしてですか。

（　　　　）

うみへの ながい たび(2)

なまえ［　　　　］

2

二人とも、生まれた ときは りすくらいの 大きさだった。それが、かあさんの ミルクを まい日 たっぷり のんだから、ぐんぐん そだち、いまじゃ これ このとおり。

（二人が 生まれてから、もう 百日は たつね。そろそろ でかけないと……。）

と、かあさんぐまは かんがえている。

おいしい あざらしが どっさり いる うみに むかって でかけるのだ。それは、きたに むかう ながい たびに なる。

（教育出版 ひろがることば しょうがくこくご一年（下） いまえ よしとも）

うえの ぶんを よんで こたえましょう。

(1) 二人が 生まれたときの 大きさは どれくらいでしたか。

（　　　　）

(2) ぐんぐん そだった 二人を みて、かあさんぐまは どんなことを かんがえていますか。

（　　　　）

(3) かあさんぐまは、どこへ むかって でかけようと していますか。

（　　　　）

うみへの　ながい　たび(3)

なまえ［　　　　　　　　　　　　］

3

（うみは　どっちだったかしら。）

百日ちかくも　あるいて　ここに　やって　きて、ふかい　あなを　ほった。二人を　うんだ。二人を　そだてた。水しか　のめなかった　かあさんぐまは、そろそろ　うみへ　もどらないと、からだが　もたなく　なる。

　ゆきの　うえに　うずくまり、かあさんぐまは　じっと　耳を　すまし、目を　とじる。

　うみからの　かぜの　音でも　ききとろうと　して　いるように。

　うみからの　かすかな　かおりでも　かぎとろうと　して　いるように。

（教育出版　ひろがることば　しょうがくこくご一年（下）　いまえ　よしとも）

うえの　ぶんを　よんで　こたえましょう。

(1) かあさんぐまが　うみへ　もどらないと　いけないと　おもっているのは　なぜですか。

（　　　　　　　　　　　　）

(2) ゆきの　うえに　うずくまって、かあさんぐまは　どうしていますか。

（　　　　　　　　　　　　）

(3) かあさんぐまは　なにを　しようと　しているのですか。二つ　かきましょう。

（　　　　　　　　　　　　）

（　　　　　　　　　　　　）

うみへの ながい たび(4)

なまえ［　　　　　　　　　　］

4

そして ある 日、かあさんぐまは 二人を つれて たびだった。ゆきのはらを、こまかな ゆきが とぶ 中を まっすぐに あるく。うみだと おもって いる ほうに むかって、ただ ただ ただ まっすぐに あるく。

「おくれちゃ だめ。
しっかり ついて
くるの。」

かあさんぐまは、きょうだいを はげましながら あるきつづける。

（教育出版　ひろがることば　しょうがくこくご一年（下）　いまえ　よしとも）

うえの ぶんを よんで こたえましょう。

(1) ゆきのはらには なにが とんでいますか。

（　　　　）

(2) どこに むかって あるいて いますか。

（　　　　）

(3) かあさんぐまが きょうだいを はげましている ことばを かきましょう。

（　　　　）

うみへの ながい たび(5)

なまえ［　　　　　　　　　　］

ふいに、でっかい　おすぐまが　すがたを　あらわした。それでも　かあさんぐまは、おもいきって、その　まんまえに　立ちふさがる。

「なにか　ようかい、え？」

「うんにゃ。ううふ……。」

かわいい　こぐまと　めすぐまを　見かけて、ちょいと　いたずらしたく　なって　いた。それが、ははぐまの　あんまり　すごい　いきおいに、たじたじと　なって　しまった。

「なら、さっさと　おゆきよ。さあ。」

（教育出版　ひろがることば　しょうがくこくご一年（下）　いまえ　よしとも）

うえの　ぶんを　よんで　こたえましょう。

(1) ふいに　すがたを　あらわしたのは　なにですか。

（　　　　　　　　）

(2) ふいに　すがたを　あらわしたものに、かあさんぐまは　どうしましたか。

（　　　　　　　　）

(3) ふいに　すがたを　あらわしたものは、なにが　したかったのですか。

（　　　　　　　　）

うみへの ながい たび(6)

なまえ［　　　　］

6

かあさんぐまの おもいは、まちがって いなかった。なつかしい なみの 音。しおかぜの におい。
うみだ。うみに もどって きたのだ。

「ここが うみだよ。おまえたちが これから くらす ところ。しっかり およぎを おぼえるんだ。それから、えさとりもね。」
きょうだいは、生まれて はじめて 見る うみの ひろさに 目を みはった。それから、そろって 大きく うなずいた。
「うん。」

(教育出版 ひろがることば しょうがくこくご一年(下) いまえ よしとも)

うえの ぶんを よんで こたえましょう。

(1) うみは、きょうだいが これから どうする ところですか。

（　　　　）

(2) これから きょうだいが おぼえない と いけないことを 二つ かきましょう。

（　　　　）

（　　　　）

(3) きょうだいが 目を みはったのは どうしてですか。

（　　　　）

うみへの ながい たび(7)

なまえ［　　　　　　　　　　］

7

それから、二年はんばかりが すぎる。きょうだいは、青い 大きな うみを あいてに、すくすく そだった。えさとりも うまく なり、おいしい あざらしも たっぷり とって、もう 一人まえだ。よく ねむり、おきると 二人で ふざけあい、うみへ はいって しっかり およぎ、よく たべては 日なたぼっこも ゆっくりと。

このように して、なん百 なん千もの 白くまの おやこが、きたの うみで、きょうも くらして いる……。

（教育出版　ひろがることば　しょうがくこくご一年（下）　いまえ　よしとも）

うえの ぶんを よんで こたえましょう。

(1) きょうだいが きたの うみに ついてから、どれくらい たちましたか。

（　　　　）

(2) きょうだいが もう一人まえだと いえるのは どうしてですか。

（　　　　）

(3) きたの うみでは、どれくらいの 白くまの おやこが くらして いますか。

（　　　　）

たぬきの じてんしゃ(1)

なまえ［　　　　］

たぬきの　こどもは、
ながい　あいだの
ゆめが　かなって、
あかい　じてんしゃを
かって　もらいました。
　ところが、じぶんで
じぶんの　しっぽを
ひきそうに　なりました。
「そうだ。こう　して　しっぽを
くわえて　のれば、あんぜんだ。」
　たぬきは、しっぽを　くわえて
はしりました。

（学校図書　みんなとまなぶ　しょうがっこうこくご一年（上））

うえの　ぶんを　よんで　こたえましょう。

(1)　たぬきの　こどもは、どんな　じてんしゃを　かって　もらいましたか。

（　　　　）

(2)　たぬきは　こどもは、なぜ　しっぽを　くわえて　はしったのですか。

（　　　　）

たぬきの じてんしゃ(2)

なまえ［　　　　　　］

「やあい、たぬきの　くいしんぼ。
じぶんの　しっぽを
たべてるぞ。」
きの　うえから、
からすが　からかいました。

「ちがうったら。」
たぬきは、うっかり
しゃべって　しまいました。
くちから　はなれた　しっぽは、
だらりと　さがって、しゃりんに
ぎゅっと、ひかれて　しまいました。

（学校図書　みんなとまなぶ　しょうがっこうこくご一年（上））

うえの　ぶんを　よんで　こたえましょう。

(1) からかわれた　たぬきが、からすに
いいかえした　ことばを　かきましょう。

（　　　　　　）

(2) しっぽは　なぜ　たぬきの　くちから
はなれたのですか。

（　　　　　　）

(3) くちから　はなれた　しっぽは、どう
なりましたか。

（　　　　　　）

たぬきの じてんしゃ(3)

なまえ［　　　　　　　　　　　　　　　］

「いたたたっ。」
たぬきの こどもは、ひめいを
あげて しまいました。
それからは、じてんしゃに
のる ときには、しっぽを
ひもで せなかに
しっかり おんぶして、
はしる ことに しましたとさ。

（学校図書 みんなとまなぶ しょうがっこうこくご一年（上））

うえの ぶんを よんで こたえましょう。

(1) たぬきの こどもは、どんな ひめいを あげて しまいましたか。

（　　　　　　　　　　）

(2) それから、たぬきの こどもは、どんなふうに じてんしゃに のる ことに しましたか。

（　　　　　　　　　　）

天に　のぼった　おけや(1)

なまえ［　　　　　　　　］

むかし、ある　ところに、のんきものの　おけやが　すんで　いた。ある　日、

トーンカッカ

トーンカッカ

たけの　わを　はめて　いると、どう　した　ことか　たけが　はじけて、おけやは　ぽうんと　くもの　上まで　とばされて　しまった。

「れ、まあ。ここは　どこやろ。」

（大阪書籍　しょうがくこくご一年(下)　かわむら　たかし）

うえの　ぶんを　よんで　こたえましょう。

(1) おけやは　どんな　人　でしたか。

（　　　　　　　　）

(2) おけやは　なにを　して　いましたか。

（　　　　　　　　）

(3) トーンカッカは　なんの　おとですか。

（　　　　　　　　）

(4) たけが　はじけて、おけやは　どう　なりましたか。

（　　　　　　　　）

天に　のぼった　おけや(2)

なまえ［　　　　　　　　　　　］

ふと　みると、そばに　たいこだの　かがみだのを　もった　かみなりが　いる。

「よう　きた。これから　しばらくぶりで　雨　ふらしに　いくとこやけど、人が　たらんでこまってたのや。ちょっとばかり　てつだえ。なに、むつかしい　ことや　ない。①わしが　たいこ　たたいたら、②おまえはこの　水ぶくろから、雨の　たねを　ちくちく　まくだけでええのや。」

（大阪書籍　しょうがくこくご一年(下)　かわむら　たかし）

うえの　ぶんを　よんで　こたえましょう。

(1) かみなりは　なにを　しに　いこうと　して　いましたか。

（　　　　　　　　　　）

(2) かみなりは　なにに　こまって　いましたか。

（　　　　　　　　　　）

(3) かみなりは　なにを　てつだって　ほしいと　いいましたか。

（　　　　　　　　　　）

(4) ①わし、②おまえは　だれの　ことですか。

①（　　　　　）

②（　　　　　）

天に　のぼった　おけや(3)

なまえ［　　　　　　　　］

かみなりは、ずしりと　おもいふくろを、おけやに　わたした。

「まきすぎるなよ。ほな、出かけようか。」

かみなりは、たいこを　ドコドコ　ガラガラ　ならし、かがみを　ぴかぴか　しゃきしゃき　ひからせながら　はしりだす。それっというので、おけやも　雨の　たねを　ちくちく　まく。

ちくちく　まくだけでも、下は　ひどいゆうだちだ。

（大阪書籍　しょうがくこくご一年(下)　かわむら　たかし）

うえの　ぶんを　よんで　こたえましょう。

(1) かみなりは、おけやに　なにを　わたしましたか。

（　　　　）

(2) かみなりは　おけやに　どんな　ことを　ちゅうい　しましたか。

（　　　　）

(3) かみなりは　たいこと　かがみを　どのように　ならしたり　ひからせたり　しましたか。

たいこ（　　　　）

かがみ（　　　　）

(4) おけやは　雨の　たねを　どんな　ふうに　まきましたか。

（　　　　）に

天に　のぼった　おけや(4)

なまえ［　　　　　　　　］

ちょうど　その　日は、たなば
たまつりだった。あっちの　むら
でも、こっちの　むらでも、
　ピイピイ　カラカラ
　トンタコ　トンタコ
ふえや　たいこで　にぎやかだ
ったから、ひさしぶりに　雨が
ふって、うれしいやら　ぬれるや
らの　大さわぎ。

（大阪書籍　しょうがくこくご一年(下)　かわむら　たかし）

うえの　ぶんを　よんで　こたえましょう。

(1)　その　日は、なにの　日　でしたか。

（　　　　　　　）

(2)　むらは　どんな　ようす　でしたか。

（　　　　　　　）

(3)　ひさしぶりに　雨が　ふって、むらの
人たちは　どんな　ふうに　なりましたか。

（　　　　　　　）

天に　のぼった　おけや(5)

なまえ［　　　　　　　　　　　　］

おけやも　おもしろくて　たまらない。はしゃぎまわって　いる　うちに、とうとう　じぶんの　むらに　やって　きた。

「日でりつづきで　田んぼは　からからなのや。そうら、おまけじゃ。」

ちくちく　どころか、どぼっと　雨の　たねを　おとした、とみるまに、むらは　たちまち　大水だ。

「し、しまった。えらい　こと　した。」

のぞきこんだ　とたん、おけやは　あし　ふみはずして、まっさかさまに　おちて　いったって。

（大阪書籍　しょうがくこくご一年(下)　かわむら　たかし）

うえの　ぶんを　よんで　こたえましょう。

(1) おけやが　雨の　たねを　じぶんの　むらに　どぼっと　おとしたのは　どうしてですか。

（　　　　　　　　）

(2) 雨の　たねを　どぼっと　おとされた　むらは　どう　なりましたか。

（　　　　　　　　）

(3) なぜ　おけやは　えらい　こと　したと　おもったのですか。

（　　　　　　　　）

(4) むらを　のぞきこんだ　おけやは　どう　なりましたか。

（　　　　　　　　）

天に　のぼった　おけや(6)

なまえ［　　　　　　　　　　］

いっぽう、下の　むらでは……。いなびかりやら、かみなりやら、大水やらで　にげまわって　いたが、どこかで、

「ほうい。たすけてくれえ。」

と、こえが　する。だれだろうと　さがして　みると、おてらの　五じゅうのとうに　おけやが　しがみついて、

「ほうい。」

と　よんで　いる。

のぼるには　たかすぎるし、つなを　なげても　とどかない。

（大阪書籍　しょうがくこくご一年(下)　かわむら　たかし）

うえの　ぶんを　よんで　こたえましょう。

(1) 下の　むらの　人たちは　どうして　いましたか。

（　　　　　　　　）

(2) 「ほうい。たすけてくれえ。」と　いって　いるのは　だれですか。

（　　　　　　　　）

(3) おけやは　どこで　どんな　ふうに　して　いましたか。

どこで（　　　　　　　　）

どんな　ふうに（　　　　　　　　）

天に　のぼった　おけや(7)

なまえ［　　　　　　　　］

「ふろしきを　あつめて　こい。」
おしょうさんの　さしずで、ふろしきを　つなぎあわせ、
みんなが　まわりから
ひっぱって　いると、
おけやは　ぽうんと
とびおりて、やっと
むらに　もどって　きたって。

それからも、おけやは　なんだか　あの　かみなりに　あいたくて、
空を　みあげ　みあげ、おけの
わを　はめて　いたそうな。
トンカッカ　トントン
トンカッカ　トントン……

（大阪書籍　しょうがくこくご一年（下）　かわむら　たかし）

うえの　ぶんを　よんで　こたえましょう。

(1)　おしょうさんは　むらの　人に　どう　するように　いいましたか。

（　　　　　　　）

(2)　おしょうさんの　さしずで　みんなは　どうしましたか。二つ　かきましょう。

（　　　　　　　）

（　　　　　　　）

(3)　空を　みあげながら　おけの　わを　はめて　いるとき、おけやは　どんな　ことを　おもって　いたのでしょう。

（　　　　　　　）

なまえ（　　　　　　　　　　　　　　　　）

・授業の発問事例
・テスト
・宿題　等に使える

長文読解力問題

はなの　みち

なまえ

くまさんが、
ふくろを　みつけました。
「おや、なにかな。
いっぱい
はいって　いる。」

くまさんが、
ともだちの
りすさんに、
ききに　いきました。

くまさんが、
ふくろを　あけました。
なにも　ありません。
「しまった。
あなが　あいて　いた。」

あたたかい　かぜが
ふきはじめました。
ながい　ながい、
はなの
いっぽんみちが
できました。

（光村図書　こくご一年（上）かざぐるま　おか　のぶこ）

うえの　ぶんを　よんで　こたえましょう。（(1)～(5)まで　各20）

(1) くまさんは　なにを　みつけましたか。

（　　　　　　　　）

(2) くまさんが　りすさんに　ききに　いったのは　どうしてですか。

（　　　　　　　　）

(3) ふくろを　あけると　なにも　なかったのは　どうしてですか。

（　　　　　　　　）

(4) あたたかい　かぜが　ふきはじめた　とき、なにが　できましたか。

（　　　　　　　　）

(5) ふくろの　なかに　はいって　いたのは　なに　だったのでしょう。

（　　　　　　　　）

おむすび ころりん (1)

なまえ

むかし むかしの はなしだよ。
やまの はたけを たがやして、
おなかが すいた おじいさん。
そろそろ おむすび たべようか。
つつみを ひろげた その とたん、
おむすび ひとつ ころがって、
ころころ ころりん かけだした。

まて まて まてと おじいさん、
おいかけて いったら おむすびは、
はたけの すみの あなの なか、
すっとんとんと とびこんだ。

のぞいて みたが まっくらで、
みみを あてたら きこえたよ。
おむすび ころりん すっとんとん。
ころころ ころりん すっとんとん。

(光村図書 こくご一年(上) かざぐるま はそべ ただし)

うえの ぶんを よんで こたえましょう。
((1)〜(5)まで 各20)

(1) おじいさんは やまで なにを して いましたか。

(　　　　　　　　　　)

(2) おなかが すいた おじいさんは なにを たべようと おもいましたか。

(　　　　　　　　　　)

(3) おじいさんが つつみを ひろげると、おむすびは どう なりましたか。

(　　　　　　　　　　)

(4) おむすびは どこに とびこみましたか。

(　　　　　　　　　　)

(5) おじいさんが あなに みみを あてると どんな うたが きこえましたか。

(　　　　　　　　　　)

おむすびころりん ⑵

なまえ

①これは これは おもしろい。

ふたつめ ころんと ころがすと、

きいてる きいてる おなじ うた。

おむすび ころりん すっとんとん。

ころころ ころりん すっとんとん。

おなかが すいてる ことなんか、

わすれて しまった おじいさん。

うたに あわせて おどりだす。

おむすび ころりん すっとんとん。

ころころ ころりん すっとんとん。

とうとう あしを すべらせて、

じぶんも あなへ すっとんとん、

ねずみの おうちに とびこんだ。

おじいさん ころりん すっとんとん。

おむすび たくさん ありがとう。

おいしい ごちそう さあ どうぞ。

ねずみの おどりを みて ください。

おれいに ごちそう あげましょう。

(光村図書 こくご一年(上) かざぐるま はそべ ただし)

うえの ぶんを よんで こたえましょう。 ((1)〜(5)まで 各20)

(1) ①これは これは おもしろい。と あります。なにが おもしろいのですか。

(　　　　)

(2) ふたつめ ころんと ころがしたのは なにですか。

(　　　　)

(3) ふたつめ ころんと ころがすと、どう なりましたか。

(　　　　)

(4) おなかが すいてる ことなんか、わすれて しまった おじいさんは なにを しましたか。

(　　　　)

(5) おじいさんが あしを すべらせて、じぶんも あなへ すっとんとんと、とびこんだ ところは どこですか。

(　　　　)

大きな かぶ (1)

なまえ

おじいさんが、かぶの
たねを　まきました。
「あまい　あまい　かぶに　なれ。
大きな　大きな　かぶに　なれ。」

あまい　あまい、
大きな　大きな
かぶに　なりました。

おじいさんは、かぶを
ぬこうと　しました。
「うんとこしょ、どっこいしょ。」
けれども、かぶは　ぬけません。

おじいさんは、おばあさんを
よんで　きました。
かぶを
おじいさんが　ひっぱって、
おじいさんを
おばあさんが　ひっぱって、
「うんとこしょ、どっこいしょ。」
それでも、かぶは　ぬけません。

（光村図書　こくご一年（上）かざぐるま　ロシア民話　さいごう　たけひこ訳）

うえの　ぶんを　よんで　こたえましょう。

(1) おじいさんは　なにを　まきましたか。(10)

（　　　　）

(2) おじいさんは　どんな　かぶに　なってほしいと　おもいましたか。2こかきましょう。(15×2)

（　　　　）（　　　　）

(3) おじいさんが　かぶを　ぬこうとしても　ぬけなかったのは　どうしてでしょう。(20)

（　　　　）

(4) おじいさんが　かぶを　ぬこうとして　かぶは　ぬけましたか。(10)

（　　　　）

(5) おじいさんは　だれを　よんで　きましたか。(10)

（　　　　）

(6) ① かぶを　ひっぱって　いるのは　だれ　ですか。(10×2)

（　　　　）

② おじいさんを　ひっぱって　いるのは　だれ　ですか。

（　　　　）

大きな かぶ (2)

なまえ

おばあさんは、まごを
よんで　きました。
かぶを
おじいさんが　ひっぱって、
おじいさんを
おばあさんが　ひっぱって、
おばあさんを
まごが　ひっぱって、
「うんとこしょ、どっこいしょ。」
やっぱり、かぶは　ぬけません。

まごは、犬を　よんで
きました。
かぶを
おじいさんが　ひっぱって、
おじいさんを
おばあさんが　ひっぱって、
おばあさんを
まごが　ひっぱって、
まごを
犬が　ひっぱって、
「うんとこしょ、どっこいしょ。」
［　　］、かぶは　ぬけません。

（光村図書　こくご一年（上）かざぐるま　ロシア民話　さいごう　たけひこ訳）

うえの ぶんを よんで こたえましょう。

(1) おばあさんは　だれを　よんで　きましたか。 ⑮
（　　　　）

(2) かぶは　ぬけましたか。 ⑳
（　　　　）

(3) まごは　だれを　よんで　きましたか。 ⑮
（　　　　）

(4) おばあさんを　ひっぱって　いるのは　だれですか。 ⑳
（　　　　）

(5) まごを　ひっぱって　いるのは　だれですか。 ⑳
（　　　　）

(6) ［　　］に　あてはまる　ことばに　○を　しましょう。 ⑩
（　）とうとう
（　）まだまだ
（　）いろいろ

くじらぐも (1)

なまえ

四じかんめの　ことです。
一ねん二くみの　子どもたちが
たいそうを　して　いると、空に、
大きな　くじらが　あらわれました。
まっしろい　くもの　くじらです。
「一、二、三、四。」
くじらも、たいそうを
はじめました。のびたり
ちぢんだり　して、
しんこきゅうも　しました。
みんなが　かけあしで
うんどうじょうを　まわると、
くもの　くじらも、空を　まわりま
した。
せんせいが　ふえを　ふいて、
とまれの　あいずを　すると、
くじらも　とまりました。

（光村図書　こくご一年（下）ともだち　なかがわ　りえこ）

うえの　ぶんを　よんで　こたえましょう。（(1)〜(5)まで　各20）

(1) 一ねん二くみの　子どもたちは　なにを　して　いましたか。

（　　　　　　　　　　）

(2) 空に　あらわれた　大きな　くじらと　おなじ　いみの　ことばを　かきましょう。

（　　　　　　　　　　）

(3) くじらは　なにを　はじめましたか。

（　　　　　　　　　　）

(4) みんなが　かけあしで　うんどうじょうを　まわると、くもの　くじらは　どう　しましたか。

（　　　　　　　　　　）

(5) せんせいが　ふえを　ふいたのは　なにの　あいず　ですか。

（　　　　　　　　　　）

くじらぐも

(2)

なまえ

①「さあ、およぐぞ。」
くじらは、あおい　あおい　空の　なかを、げんき　いっぱい　すすんで　いきました。うみの　ほうへ、むらの　ほうへ、まちの　ほうへ。
みんなは、うたを　うたいました。空は、どこまでも　どこまでも　つづきます。

②「おや、もう　おひるだ。」
せんせいが　うでどけいを　見て、おどろくと、
「では、かえろう。」
と、くじらは、まわれ右を　しました。
しばらく　いくと、がっこうの　やねが、見えて　きました。くじらぐもは、ジャングルジムの　うえに、みんなを　おろしました。
「さようなら。」
みんなが　手を　ふった　とき、四じかんめの　おわりの　チャイムが　なりだしました。
「さようなら。」
くもの　くじらは、また、げんき　よく、あおい　空の　なかへ　かえって　いきました。

（光村図書　こくご一年（下）ともだち　なかがわ　りえこ）

うえの　ぶんを　よんで　こたえましょう。

(1) だれが　いいましたか。（10×2）

①「さあ、およぐぞ。」（　　　）

②「おや、もう　おひるだ。」（　　　）

(2) みんなは　くじらぐもの　うえで　なにを　しましたか。（20）

（　　　）

(3) くじらが　まわれ右を　したのは　なにを　するため　ですか。（20）

（　　　）

(4) くじらぐもは　みんなを　どこに　おろしましたか。（20）

（　　　）

(5) みんなが　「さようなら。」と　手をふったとき、なにが　なりだしましたか。（20）

（　　　）

ずうっと、ずっと、大すきだよ (1)

なまえ

エルフと ぼくは、まい日 いっしょに あそんだ。

エルフは、りすを おいかけるのが すきで、ママの かだんを ほりかえすのが すきだった。

ときどき、エルフが わるさを すると、うちの かぞくは、すごく おこった。でも、エルフを しかって いながら、みんなは、エルフの こと、大すきだった。

すきなら すきと、いって やれば よかったのに、だれも、いって やらなかった。いわなくっても、わかると おもって いたんだね。

いつしか、ときが たって いき、ぼくの せが、ぐんぐん のびる あいだに、エルフは、どんどん ふとって いった。

(光村図書 こくご二年(下) ともだち ハンス＝ウイルヘルム作 ひさやまたいち訳)

うえの ぶんを よんで こたえましょう。

(1) エルフと ぼくは、まい日 どうして いましたか。(20)

(　　　　)

(2) エルフの すきだった ことを、二つ かきましょう。(10×2)

(　　　　)

(　　　　)

(3) かぞくが すごく おこったのは、どんな ときですか。(20)

(　　　　)

(4) かぞくの だれもが、エルフに すきと いって やらなかったのは どうしてでしょう。(20)

(　　　　)

(5) ぼくの せが、ぐんぐん のびる あいだに、エルフは、どうなって いきましたか。(20)

(　　　　)

ずうっと、ずっと、大すきだよ (2)

なまえ

エルフは、としを とって、ねて
いる ことが おおく なり、さん
ぽを いやがるように なった。
ぼくは、とても しんぱいした。
　ぼくたちは、エルフを じゅうい
さんに つれて いった。でも、じ
ゅういさんにも、できる ことは
なにも なかった。
「エルフは、としを
とったんだよ。」
じゅういさんは、
そう いった。
　まもなく、エルフは、かいだんも
上れなく なった。でも、エルフは、
ぼくの へやで ねなくちゃ いけ
ないんだ。
　ぼくは、エルフに やわらかい
まくらを やって、ねる まえには、
かならず、
「エルフ、ずうっと、大すきだよ。」
って、いって やった。エルフは、
きっと わかって くれたよね。

（光村図書　こくご一年（下）ともだち　ハンス＝ウイルヘルム作　ひさやま たいち訳）

うえの ぶんを よんで こたえましょう。

(1) としを とった エルフは どうなりましたか。二つ かきましょう。（15×2）

(2) ぼくは どんなことを しんぱいしているのでしょう。（20）

(3) じゅういさんにも できる ことはなにも なかったのは どうしてでしょう。（20）

(4) ねるとき、ぼくが エルフに してやったことを 二つ かきましょう。（15×2）

あめふり くまの こ

なまえ

おやまに　あめが　ふりました
あとから　あとから　ふって　きて
ちょろちょろ　おがわが　できました

いたずら　くまの　こ　かけて　きて
そうっと　のぞいて　みてました
さかなが　いるかと　みてました

なんにも　いないと　くまの　こは
おみずを　ひとくち　のみました
おててで　すくって　のみました

それでも　どこかに　いるようで
もいちど　のぞいて　みてました
さかなを　まちまち　みてました

なかなか　やまない　あめでした
かさでも　かぶって　いましょうと
あたまに　はっぱを　のせました

（光村図書　こくご一年（下）ともだち　つるみ まさお）

うえの　ぶんを　よんで　こたえましょう。（(1)〜(5)まで　各20）

(1) おやまに　あめが　ふって、なにが　できましたか。

（　　　　　　　　）

(2) くまの　こが　おがわを　のぞいて　みたのは　なぜですか。

（　　　　　　　　）

(3) くまの　こは　なにを　のみましたか。

（　　　　　　　　）

(4) くまの　こが　おがわを　もいちど　のぞいてみたのは　なぜですか。

（　　　　　　　　）

(5) くまの　こが　あたまに　はっぱを　のせたのは　なぜですか。

（　　　　　　　　）

たぬきの 糸車 (1)

なまえ

ふと 気が つくと、やぶれしょうじの あなから、二つの くりくりした 目玉が、こちらを のぞいて いました。

糸車が キークルクルと まわるに つれて、二つの 目玉も、くるりくるりと まわりました。そして、月の あかるい しょうじに、糸車を まわす まねを する たぬきの かげが うつりました。

おかみさんは、おもわず ふき出しそうに なりましたが、だまって 糸車を まわして いました。

それからと いう もの、たぬきは、まいばん まいばん やって きて、糸車を まわす まねを くりかえしました。

「いたずらもんだが、かわいいな。」

（光村図書 こくご一年（下） ともだち きし なみ）

うえの ぶんを よんで こたえましょう。（(1)～(5)まで 各20）

(1) 二つの くりくりした 目玉は だれの 目玉 ですか。正しい ものに ○を しましょう。

（　）たぬき

（　）おかみさん

(2) 糸車が まわるに つれて、二つの 目玉は どうなりましたか。

（　　　　　　　　）

(3) 月の あかるい しょうじに なにが うつって いましたか。

（　　　　　　　　）

(4) おもわず ふき出しそうに なった おかみさんは、そのあと どうしたの ですか。正しい ものに ○を しましょう。

（　）わらいだした。

（　）おこりだした。

（　）だまって 糸車を まわした。

(5) おかみさんは たぬきを どう おもいましたか。おかみさんの ことばを かき出しましょう。

（　　　　　　　　）

たぬきの 糸車 (2)

なまえ

はるに なって、また、きこりの ふうふは、山おくの こやに もどって きました。

とを あけた とき、おかみさんは あっと おどろきました。いたの間(ま)に、白い 糸の たばが、山のように つんで あったのです。そのうえ、ほこりだらけの はずの 糸車には、まきかけた 糸まで かかって います。

「はあて、ふしぎな。どう した こっちゃ。」

おかみさんは、そう おもいながら、土間で ごはんを たきはじめました。すると、

キーカラカラ　キーカラカラ
キークルクル　キークルクル

と、糸車の まわる 音が、きこえて きました。びっくりして ふりむくと、いたどの かげから、ちゃいろの しっぽが ちらりと 見えました。

（光村図書 こくご一年（下） ともだち きし なみ）

うえの ぶんを よんで こたえましょう。

(1) はるに なって、きこりの ふうふは どこに もどって きましたか。（15）

(　　　　　　)

(2) とを あけた とき、おかみさんが あっと おどろいたのは なぜですか。二つ かきましょう。（20×2）

(　　　　　　)

(　　　　　　)

(3) いたの間を みて、おかみさんは どう おもいましたか。おかみさんの ことばを かき出しましょう。（15）

(　　　　　　)

(4) おかみさんが、土間で ごはんを たきはじめたとき、きこえて きた ものを 七もじで かきましょう。（15）

(5) いたどの かげから 見えた ものは なにですか。（15）

(　　　　　　)

てがみ

なまえ

あさから　あめです。
きつねの　こは、ひとりで
ぽかんと　して　いました。
「だれかに　てがみを
かこうかな。」
うさぎさんや、
くまさんや、
たぬきさんとは、
きのう　あそんだばかりです。
「そうだ、ねずみさんが
いい。」

ねずみさんには、もう　なん
にちも　あって　いません。
ねずみさんは、あしを
けがして、そとへ
でられないのです。
「なにを　かこうかな。」
あめの　おとを　ききながら、
きつねの　こは、いっしょうけ
んめい　かんがえました。

（東京書籍　新編　あたらしいこくご一年（上）　もりやま　みやこ）

うえの　ぶんを　よんで　こたえましょう。

(1) きつねの　こは　なにを　しようと　おもいましたか。（15）

（　　　　　）

(2) きつねの　こは　きのう　だれと　あそびましたか。３こ　かきましょう。（10×3）

（　　　　　）（　　　　　）（　　　　　）

(3) きつねの　こは　だれに　てがみを　かくことに　しましたか。（15）

（　　　　　）

(4) ねずみさんに　なんにちも　あって　いないのは　どうしてですか。（20）

（　　　　　）

(5) きつねの　こは　なにを　いっしょうけんめい　かんがえましたか。（20）

（　　　　　）

おおきな かぶ ⑴

なまえ

おじいさんが、かぶの たねを まきました。

「あまい あまい かぶに なれ。

おおきな おおきな かぶに

なれ。」

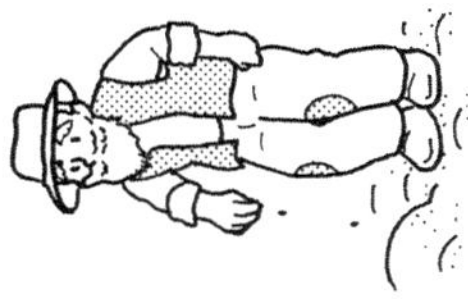

あまい、げんきの よい、とてつもなく おおきい かぶが できました。

おじいさんは、かぶを ぬこうと しました。

「うんとこしょ、どっこいしょ。」

[①]、かぶは ぬけません。

おじいさんは、おばあさんを よんで きました。

おばあさんが おじいさんを ひっぱって、

おじいさんが かぶを ひっぱって、

「うんとこしょ、どっこいしょ。」

[②]、かぶは ぬけません。

（東京書籍 新編 あたらしいこくご一年（上） ロシア民話 うちだ りさこ訳）

うえの ぶんを よんで こたえましょう。

⑴ おじいさんは なにを まきましたか。（20）

（　　　　）

⑵ おじいさんは どんな かぶに なって ほしいと おもいましたか。2こ かきましょう。（10×2）

（　　　　）

（　　　　）

⑶ どんな かぶが できましたか。（20）

（　　　　）

⑷ [①] [②] に あてはまる ことばを [　] から えらんで かきましょう。（10×2）

① （　　　　）

② （　　　　）

それから　ところが
そして　それでも

⑸ おばあさんは だれを ひっぱって いますか。（20）

（　　　　）

おおきな かぶ (2)

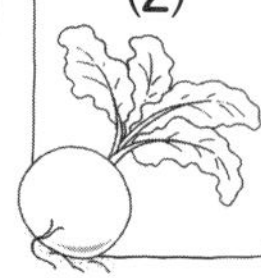

なまえ

おばあさんは、まごを よんで
きました。
まごが おばあさんを
ひっぱって、
おばあさんが おじいさんを
ひっぱって、
おじいさんが かぶを
ひっぱって、
「うんとこしょ、どっこいしょ。」

[①] かぶは
ぬけません。

まごは、いぬを よんで
きました。

いぬが まごを ひっぱって、
まごが おばあさんを
ひっぱって、
おばあさんが おじいさんを
ひっぱって、
おじいさんが かぶを
ひっぱって、
「うんとこしょ、どっこいしょ。」

[②]
ぬけません。

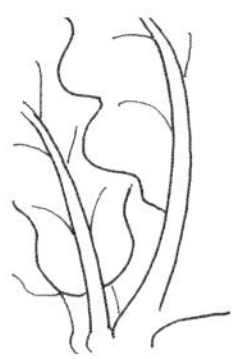

（東京書籍 新編 あたらしいこくご一年（上） ロシア民話 うちだ りさこ訳）

うえの ぶんを よんで こたえましょう。

(1) おばあさんは だれを よんで きましたか。 ⑳

（　　　　）

(2) かぶを ひっぱって いるのは だれですか。 ⑳

（　　　　）

(3) [①] [②] に あてはまる ことばを [　] から えらんで かきましょう。 (10×2)

① （　　　　）

② （　　　　）

・まだ まだ、
・まだ、まだ まだ、

(4) まごは だれを よんで きましたか。 ⑳

（　　　　）

(5) かぶを ひっぱって いる じゅんに （ ）の なかに ひとや どうぶつを かきましょう。 ⑳

（かぶ）→（　　　　）→（　　　　）
→（　　　　）→（　　　　）
→（　　　　）

サラダで げんき (1)

なまえ

りっちゃんは、サラダを つくりはじめました。きゅうりを トントン トン、キャベツは シャシャ シャキ、トマトも ストントン トンと きって、おおきな おさらに のせました。

するど、のらねこが、のっそり 入って きて いいました。

「サラダに かつおぶしを 入れると いいですよ。すぐに げんきに なりますよ。木のぼり だって じょうずに なりますよ。ねこみたいにね。」

「おしえて くれて ありがとう。」

りっちゃんは、さっそく かつおぶしを サラダに かけました。

そこへ、となりの 犬が とびこんで きました。

「なんと いっても、ハムサラダが いちばんさ。これを たべると、ほっぺたが たちまち ももいろに ひかりだす。ハムみたいにね。」

「おしえて くれて ありがとう。」

りっちゃんは、おおいそぎで サラダに ハムを 入れました。

（東京書籍 新編あたらしいこくご一年（下） かどの えいこ）

うえの ぶんを よんで こたえましょう。

(1) りっちゃんは、なにを きりましたか。三つ かきましょう。(10×3)

（　　　）（　　　）（　　　）

(2) のらねこは サラダに なにを 入れると「いいですよ」と いいましたか。(15)

（　　　）

(3) のらねこが いったものを サラダに 入れると どうなるのでしょう。二つ かきましょう。(10×2)

（　　　）（　　　）

(4) となりの 犬は サラダに なにを 入れると「いちばんさ」と いいましたか。(15)

（　　　）

(5) となりの 犬が いったものを サラダに 入れて たべると どうなるのでしょう。(20)

（　　　）

サラダで げんき ⑵

なまえ

とつぜん、キューン、ゴーゴー、キューと いう 音が して、ひこうきが とまると、アフリカぞうが せかせかと おりて きました。

「まにあって よかった よかった。ひとつ おてつだいしましょう。」

「ありがとう。でも、もう できあがったの。」

りっちゃんは いいました。

「いや いや、これからが ぼくの しごと。」

アフリカぞうは、サラダに あぶらと しおと すを かけると、スプーンを はなで にぎって、カづよく くりん くりん くりんと まぜました。

「おかあさん、さあ、いっしょに サラダを いただきましょ。」

と、りっちゃんは いいました。

りっちゃんの おかあさんは、サラダを たべて、たちまち げんきに なりました。

（東京書籍　新編あたらしいこくご一年（下）かどの えいこ）

うえの ぶんを よんで こたえましょう。

⑴ ひこうきに のって きたのは だれですか。⑩

⑵ アフリカぞうが せかせかと おりて きたのは どうしてですか。⑳

⑶ アフリカぞうが サラダに かけた ものを 三つ かきましょう。（10×3）

⑷ アフリカぞうは サラダを つくるのに どんな ことを したのでしょう。⑳

⑸ サラダを たべて、りっちゃんの おかあさんは、どうなりましたか。⑳

おとうとねずみ チロ(1)

なまえ

ある 日、三びきの ねずみの きょうだいの ところへ、おばあちゃんから 手がみが とどきました。

それには、こんな ことが かいて ありました。

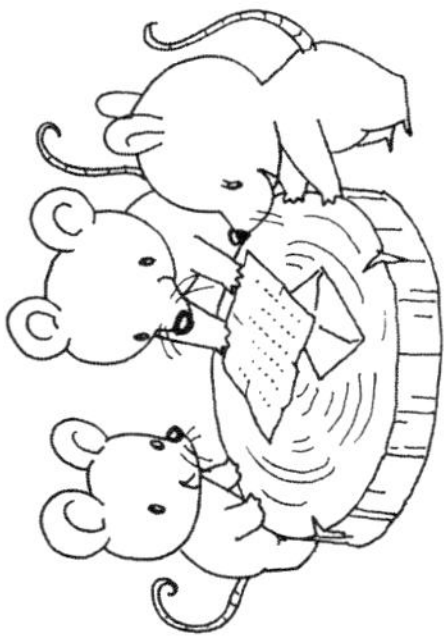

あたらしい けいとで、おまえたちの チョッキを あんで います。けいとの いろは、赤と 青です。もう すぐ あみあがります。たのしみに まって いて ください。

さあ、三びきは 大よろこび。

「ぼくは 赤が いいな。」

にいさんねずみが いいました。

「わたしは 青が すき。」

ねえさんねずみが いいました。

「ぼくは 赤と 青。」

おとうとねずみが いいました。


（東京書籍 新編 あたらしいこくご一年（下） もりやま みやこ）

うえの ぶんを よんで こたえましょう。

(1) だれから 手がみが とどきましたか。(10)

（　　　　）

(2) ① おばあちゃんは けいとで なにを あんで いますか。(10×2)

（　　　　）

② けいとの いろは なにいろですか。

（　　　　）

(3) おばあちゃんは なにを「たのしみに まって いて ください。」と いって いるのでしょう。(20)

（　　　　）

(4) 三びきが 大よろこび して いるのは どうしてですか。(20)

（　　　　）

(5) にいさんねずみ、ねえさんねずみ、おとうとねずみは なにいろが いいと いいましたか。(10×3)

にいさんねずみ（　　　　）

ねえさんねずみ（　　　　）

おとうとねずみ（　　　　）

おとうと ねずみ チロ ⑵

なまえ

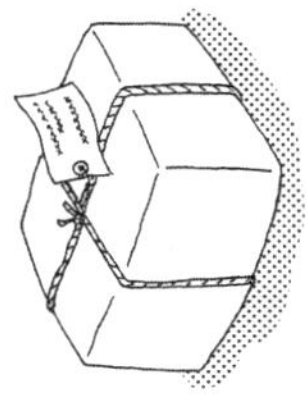

なん日か たって、おばあちゃんから 小づつみが とどきました。

中には、けいとの チョッキが、三まい 入って いました。

いちばん 大きいのが、赤。つぎが、青。小さいのは、赤と 青の よこじまでした。

「あ、しましまだ。だあいすき。」

チロは、さっそく チョッキを きると、おかの てっぺんへ かけのぼりました。

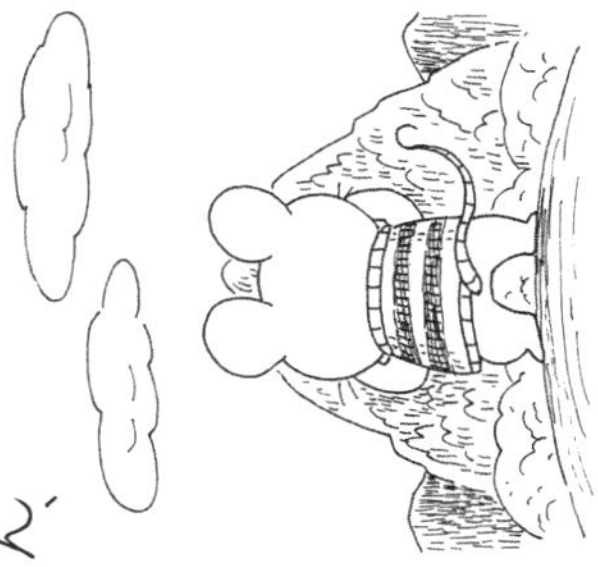

「おばあちゃあん、ぼくは チロだよう。しましまの チョッキ、ありがとう。」

チロは、大ごえで さけびました。そして、「ありがとう」が きえるのを まって、もう 一ど、こんどは ゆっくり いいました。

「あ、り、が、と、う。」

（東京書籍 新編あたらしいこくご一年(下) もりやま みやこ）

うえの ぶんを よんで こたえましょう。

(1) ① おばあちゃんから なにが とどきましたか。 (15×2)

（　　　　）

② 中には なにが 入って いましたか。

（　　　　）

(2) けいとの チョッキの いろを こたえましょう。 (10×2)

① いちばん 大きい チョッキは なにいろですか。

（　　　　）

② いちばん 小さい チョッキは なにいろですか。

（　　　　）

(3) チロの チョッキは どんな チョッキですか。 (15)

（　　　　）

(4) チョッキを きた チロが おかの てっぺんへ かけのぼったのは どうしてでしょう。 (15)

（　　　　）

(5) なぜ 二かいめは 「あ、り、が、と、う。」と ゆっくり いったのでしょう。 (20)

（　　　　）

はるの ゆきだるま (1)

なまえ

山の 中に、ゆきだるまが 立って いました。かぜの 音と、ときどき 木の えだから おちる ゆきの 音の ほかは、なにも きこえません。ゆきだるまを つくった 村の 子どもたちも、もう あそびに きません。ゆきだるまは、ずっと ひとりぼっちでした。

ある 日、森の 中から、はなしごえが きこえて きました。

「この あたりも、まだ、はるが きて いないね。」

「でも、ふもとの ほうは、花が さいて いるかもしれないよ。」

「さあ、いこう いこう。」

それは、山の どうぶつたちでした。たのしそうに 山を 下りてくる どうぶつたちを 見て、

「はるって、いったい なんだろう。」

ゆきだるまは おもいました。

（東京書籍 新編 あたらしいこくご一年(下) いしなべ ふさこ）

うえの ぶんを よんで こたえましょう。

(1) ゆきだるまは どこに 立って いましたか。(10)

（　　　　）

(2) ゆきだるまを つくったのは だれですか。(10)

（　　　　）

(3) ゆきだるまは どんな 音を きいて いましたか。二つ かきましょう。(10×2)

（　　　　）

（　　　　）

(4) ゆきだるまが ずっと ひとりぼっちだったのは どうしてでしょう。(20)

（　　　　）

(5) 山の どうぶつたちは どこへ いこうと して いるのでしょう。(20)

（　　　　）

(6) ゆきだるまが 「はるって、いったい なんだろう。」と おもったのは、なにを 見たからでしょう。(20)

（　　　　）

はるの ゆきだるま (2)

なまえ

①「早く、はるを 見つけたいねえ。」
どうぶつたちが、ゆきだるまの すぐ そばを とおりかかりました。
②「ねえ ねえ、みんな、はるを さがして るの。」
ゆきだるまは、おもわず こえを かけました。
③「うん、そうだよ。みんな もう、はるが まちきれなく なったんだよ。」
子うさぎが、かけよって いいました。

「はるって、そんなに すてきな ものなの。」

ゆきだるまが きくと、

「そりゃあ すてきさ。」

子ぐまも 子りすも 子ぎつねも 子だぬきも、かけよって きました。

「あのね、ゆきだるまさん。はるって あったかいんだよ。」

「木の えだが、いっぱい みどりの めを 出すんだ。」

「お花が いっぱい さいて、ちょうちょが とびはじめるのさ。」

「さあ、早く いこうよ。」


（東京書籍 新編 あたらしいこくご一年（下） いしなべ ふさこ）

つぎの ぶんを よんで こたえましょう。

(1) ゆきだるまの すぐ そばを とおりかかった どうぶつたちは、なにを しようと いいましたか。(15)

（　　　　）

(2) だれが いった ことばでしょう。(5×3)

①「早く、はるを 見つけたいねえ。」（　　　　）

②「ねえ、ねえ、みんな、はるを さがして るの。」（　　　　）

③「うん、そうだよ。みんな もう、はるが まちきれなく なったんだよ。」（　　　　）

(3) どんな どうぶつたちが はるを さがして いますか。(8×5)

（　　）（　　）（　　）（　　）（　　）

(4) どうぶつたちは、はるの どんな ところが すきだと いって いますか。三つ かきましょう。(10×3)

（　　　　）

（　　　　）

（　　　　）

けむりの　きしゃ

なまえ

ながれぼしが　おちて
きました。

えんとつそうじの
おじいさんが　ひろいました。

おじいさんは、ながれぼしを
えんとつの　てっぺんに
おきました。
「さあ、そらに
かえして　あげよう。」

おじいさんは、まきを
もやしはじめました。

えんとつから、けむりが
でて　きました。

「おじいさん、
ありがとう。」

ながれぼしは、けむりに
のって、そらへ　そらへと
のぼって　いきました。

（教育出版　ひろがることば　しょうがくこくご一年(上)　矢崎　節夫）

うえの　ぶんを　よんで　こたえましょう。

(1) ① なにが　おちて　きましたか。(15×2)

（　　　）

② だれが　ひろいましたか。

（　　　）

(2) おじいさんが　した　ことに　ついて　かきましょう。(20×3)

① おじいさんは　ながれぼしを　どこに　おきましたか。

（　　　）

② おじいさんは　なにを　しはじめましたか。

（　　　）

③ おじいさんが　したのは、なにの　①②の　ことを　ためですか。

（　　　）

(3) ながれぼしは　なにに　のって、そらへ　のぼって　いきましたか。(10)

（　　　）

けんかした 山 (1)

なまえ

たかい　山が、ならんで
たって　いました。
いつも　せいくらべを
しては、けんかばかり
して　いました。

「けんかを　やめろ。」
お日さまが　いいました。
お月さまも　いいました。
「おやめなさい。
そうで　ないと、
もりの　どうぶつたちは、
あんしんして　ねて
いられないから。」
それでも、どちらの　山も
いう　ことを　ききません。

（教育出版　ひろがることば　しょうがくこくご一年（上）　あんどう　みきお）

うえの　ぶんを　よんで　こたえましょう。（(1)〜(5)まで　各20）

(1) どんな　山が、ならんで　たって　いましたか。

（　　　　　　　　）

(2) 山たちが　けんかを　するのは、なにを　する　せいですか。

（　　　　　　　　）

(3) お日さまは　どう　いいましたか。

（　　　　　　　　）

(4) お月さまが　山たちに　けんかを　やめて　ほしいのは　なぜですか。

（　　　　　　　　）

(5) 山が　けんかを　やめないのは　どうしてか、あてはまるものに　○を　しましょう。

（　）どちらの　山も、じぶんの　ほうが　せが　たかいと　おもって　いるから。
（　）どちらの　山も、じぶんの　ほうが　つよいと　おもって　いるから。
（　）どちらの　山も、お日さまや　お月さまの　いうとおりに　したくないから。

けんかした 山 (2)

なまえ

ある 日の ことでした。
とうとう、りょうほうの 山が、
まけずに どっと
火を ふきだしました。

たくさんの みどりの 木が、
あっと いう まに、火に
つつまれました。
ことりたちが、くちぐち

に いいました。
「お日さま。はやく
くもを よんで、

あめを ふらせて ください。
わたしたちも よびに
いきますから。」

（教育出版 ひろがることば しょうがくこくご一年（上） あんどう みきお）

うえの ぶんを よんで こたえましょう。（(1)〜(5)まで 各20）

(1) ある 日、りょうほうの 山は なにを しましたか。

（　　　　　　　　　　）

(2) たくさんの みどりの 木は、どう なりましたか。

（　　　　　　　　　　）

(3) ことりたちは、お日さまに なにを よんで ほしいと いいましたか。

（　　　　　　　　　　）

(4) ことりたちは、くもに なにを して もらいたいのでしょう。

（　　　　　　　　　　）

(5) ことりたちも、なにを よびに いくのですか。

（　　　　　　　　　　）

うみへの ながい たび (1)

なまえ

一

白くまの　きょうだいだ。

ふゆの　あいだじゅう、生まれてから　ずっと　すごして　きたあなの　中と　くらべて、ここはなんと　あかるい　ことか。二人の　あたまの　うえには、ぬけるような　青い　はるの　空が　ひろがっている。

見わたす　かぎり　ひろがるゆきのはらの　白さが、まぶしすぎる。

それでも　二人は、目を　まんまるに　見ひらいて、はじめての　そとの　せかいを　ながめて　いる。いくら　ながめて　いても、あきないぞ……。

（教育出版　ひろがることば　しょうがくこくご一年（下）いまえ　よしとも）

うえの　ぶんを　よんで　こたえましょう。

(1) 白くまの　きょうだいは　なん人ですか。（15）

(2) 白くまの　きょうだいは　ふゆの　あいだじゅう、どこで　すごして　きましたか。（15）

(3) 二人の　あたまの　うえには、なにが　ひろがって　いますか。（15）

(4) 白さが　まぶしすぎるのは　どこですか。（15）

(5) 二人が　目を　まんまるに　見ひらいて、ながめて　いる　ものは　なにですか。（20）

(6) 二人が　いくら　ながめていてもあきないのは　どうしてですか。（20）

うみへの ながい たび ②

なまえ

3

（うみは どっちだったかしら。）

百日ちかくも あるいて ここに やって きて、ふかい あなを ほった。二人を うんだ。二人を そだてた。水しか のめなかった かあさんぐまは、そろそろ うみへ もどらないと、からだが もたなく なる。

ゆきの うえに うずくまり、かあさんぐまは じっと 耳を すまし、目を とじる。

うみからの かぜの 音でも ききとろうと して いるように。

うみからの かすかな かおりでも かぎとろうと して いるように。

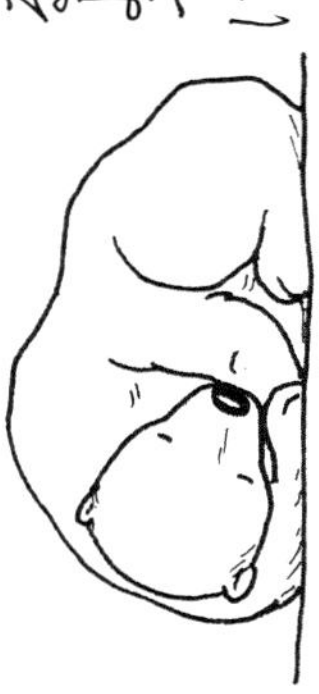

（教育出版 ひろがることば しょうがくこくご二年（下） いまえ よしとも）

うえの ぶんを よんで こたえましょう。

(1) ここに やって くるのに なん日ちかく あるきましたか。 (10)

（　　　　）

(2) ① ふかい あなを ほったのは だれですか。 (15×3)

（　　　　）

② ふかい あなを ほって、なにを しましたか。二つ かきましょう。

（　　　　）

（　　　　）

(3) かあさんぐまが うみへ もどらないと いけないと おもって いるのは なぜですか。 (15)

（　　　　）

(4) ゆきの うえに うずくまって、かあさんぐまは なにを して いますか。 (15)

（　　　　）

(5) かあさんぐまが じっと 耳を すまし、目を とじて いるのは どうしてですか。あてはまるものに ○を しましょう。 (15)

（　）かぜが きもちよく ふいて いるから。

（　）うみが どちらの ほうに あるのか たしかめたいから。

（　）うみから いい かおりが して きたから。

お手がみ

(1)

なまえ

がまくんは、げんかんの　まえに　すわって　いました。

かえるくんが　やって　きて、いいました。

「どう　したんだい、がまがえるくん。きみ、かなしそうだね。」

「うん。そうなんだ。」

がまくんが　いいました。

「いま、一日の　うちの　かなしい　ときなんだ。つまり、お手がみを　まつ　じかんなんだ。そう　なると、いつも　ぼく、とても　ふしあわせな　気もちに　なるんだよ。」

「そりゃ、どういう　わけ。」

かえるくんが　たずねました。

「だって、ぼく、お手がみ　もらった　こと　ないんだもの。」

がまくんが　いいました。

「一どもかい。」

かえるくんが　たずねました。

（教育出版　ひろがることば　しょうがくこくご一年（下）　アーノルド＝ローベル　文　みき　たく　訳）

うえの　ぶんを　よんで　こたえましょう。

(1)　だれが　だれの　ところに　やって　きましたか。（10×2）

（　　　　）が（　　　　）の　ところへ　やって　きた。

(2)　がまくんは、げんかんの　まえに　すわって　なにを　しているのでしょう。（20）

（　　　　）

(3)　がまくんは、どんな　ようすで　げんかんの　まえに　すわって　いるのでしょう。（20）

（　　　　）

(4)　がまくんが　一日の　うちで　かなしい　気もちに　なるのは　どんな　ときですか。（20）

（　　　　）

(5)　がまくんが　ふしあわせな　気もちに　なるのは　どうしてですか。（20）

（　　　　）

お手がみ ⑵

なまえ

「ああ。一ども。」

がまくんが　いいました。

「だれも、ぼくに　お手がみなんか　くれた　ことが　ないんだ。まい日、ぼくの　ゆうびんうけは　空っぽさ。手がみを　まっている　ときが　かなしいのは、その　ためなのさ。」

二人とも、かなしい気分(ぶん)で、げんかんの　まえに　こしを　おろして　いました。

すると、かえるくんが　いいました。

「ぼく、もう　いえへ　かえらなくっちゃ、がまくん。しなくちゃ　いけない　ことが　あるんだ。」

かえるくんは、大いそぎで、いえへ　かえりました。えんぴつと　かみを　見つけました。かみに　なにか　かきました。かみを　ふうとうに　入れました。ふうとうに、こう　かきました。

「がまがえるくんへ」

（教育出版　ひろがることば　しょうがくこくご一年（下）　アーノルド＝ローベル　文　みき　たく　訳）

うえの　ぶんを　よんで　こたえましょう。

⑴ がまくんが　手がみを　まって　いる　ときが　かなしいのは　どうしてでしょう。⑳

⑵ かなしい　気分に　なった、二人の　それぞれの　気もちを　かきましょう。(20×2)

がまくん

かえるくん

⑶ かえるくんの「しなくちゃ　いけない　こと」とは　なんですか。⑳

⑷ かえるくんが　大いそぎで　いえへ　かえったのは　どうしてでしょう。⑳

いい もの みつけた

なまえ

もりの なかに、
いえが あります。

りすの おやこが います。

わたし、
たねを みつけたの。

ぼく、
どんぐりを ひろったよ。

いい ものを みつけたわね。
かあさんりすが いいました。

ふたりで、たねと どんぐりを
つちの なかに うめました。

あたたかくなると、
にわに、ちいさな めと
おおきな めが でました。

みんな、うれしそうに
みどりの めを みました。

（学校図書 みんなとまなぶ しょうがっこうこくご一年（上））

うえの ぶんを よんで こたえましょう。

(1) もりの なかの いえに、だれが すんでいますか。（20）

（　　　　）

(2) ① たねを みつけたのは だれですか。（10×2）

（　　　　）

② どんぐりを ひろったのは だれですか。

（　　　　）

(3) かあさんりすが「いい もの」と いって いるのは なに でしょう。2こ かきましょう。（10×2）

（　　　　）（　　　　）

(4) ふたりは、たねと どんぐりを どうしましたか。（20）

（　　　　）

(5) みんな うれしそうに して いるのは、どうしてでしょう。（20）

（　　　　）

たぬきの じてんしゃ

なまえ

たぬきの こどもは、
ながい あいだの
ゆめが かなって、
あかい じてんしゃを
かって もらいました。
ところが、じぶんで
じぶんの しっぽを
ひきそうに なりました。
「そうだ。こう して しっぽを
くわえて のれば、あんぜんだ。」
たぬきは、しっぽを くわえて
はしりました。
「やあい、たぬきの くいしんぼ。
じぶんの しっぽを たべてるぞ。」
きの うえから、からすが か
らかいました。
「ちがうったら。」
たぬきは、うっかり しゃべっ
て しまいました。
くちから はなれた しっぽは、
だらりと さがって、しゃりんに
ぎゅっと、ひかれて しまいました。

（学校図書 みんなとまなぶ しょうがっこうこくご一年(上)）

うえの ぶんを よんで こたえましょう。 （(1)～(5)まで 各20）

(1) たぬきの こどもの、ながい あいだの ゆめは なんだったのでしょう。

（　　　　　）

(2) たぬきが じてんしゃに のると どうなりましたか。

（　　　　　）

(3) たぬきは どうすれば あんぜんだと かんがえましたか。

（　　　　　）

(4) からすは どういって たぬきを からかいましたか。

（　　　　　）

(5) たぬきが じぶんの しっぽを ひいて しまったのは どうしてですか。

（　　　　　）

はじめは「や!」(1)

なまえ

くまさんが、お手がみを
出しに　いきます。
「いい　お天気で、
いい　気もち。」
するとむこうから　きつね
さんが　あるいて　くるんです。
スタタ　スタタ　スタタ
くまさんは、きつねさんを
見ました。きつねさんも、くま
さんを　見ました。
でも、ふたりは　ともだちじゃ
ないから、
「……。」
「……。」
だまって　とおりすぎました。

（学校図書　みんなとまなぶ　しょうがっこうこくご一年（下）こうやま　よしこ）

うえの　ぶんを　よんで　こたえましょう。

(1) うえの　ぶんに　出てくる　どうぶつを　二つ　かきましょう。（10×2）

(　　　　)　(　　　　)

(2) くまさんは、なにを　出しに　いきましたか。（15）

(　　　　)

(3) なぜ　くまさんは「いい　気もち。」と　いったのでしょう。（15）

(　　　　)

(4) 「スタタ　スタタ　スタタ」は、だれが　あるいている　ようすですか。（15）

(　　　　)

(5) くまさんと　きつねさんは　ともだちですか。（15）

(　　　　)

(6) 「……。」「……。」から、どんなことが　わかりますか。（20）

(　　　　)

はじめは「や！」 (2)

なまえ

みちの　かどに　ポストが
ありました。くまさんは、
手がみを
　ポトリ
ポストに　入れると、
すぐに　かどを　まがって、
町へ　さんぽに　いきました。
「きれいだねえ。」
　花やさんの　まえを　とおって
……、クリーニングやさんの　よ
こを　まがって……。
　すると、むこうから　きつね
さんが　やって　くるのに
あいました。
（あ、さっきの　きつねさんだ。）
くまさんは　おもいました。
（あ、さっきの　くまさんだ。）
きつねさんも　おもいました。
　でも、ふたりは　ともだちじゃ
ないから、
「……。」
「……。」
だまって　とおりすぎました。

学校図書　みんなとまなぶ　しょうがっこうこくご一年（下）こうやま　よしこ

うえの　ぶんを　よんで　こたえましょう。

(1) ポストは、どこに　ありましたか。⑩

(2) 「ポトリ」は　なんの　おとですか。⑮

(3) くまさんは、手がみを　ポストに　入れたあと、どこへ　なにをしに　いきましたか。⑮

(4) くまさんは、なにを　みて「きれいだねえ。」と　いったのですか。⑮

(5) きつねさんは　どこから　やって　きましたか。⑩

(6) くまさんは　きつねさんに　あって、なんと　おもいましたか。⑩

(7) きつねさんは　くまさんに　あって、なんと　おもいましたか。⑩

(8) なぜ　ふたりは　だまって　とおりすぎたのでしょう。⑮

はじめは「や！」 ⑶

なまえ

ひろい　みちです。

くまさんは、しんごうが　青に

なったら、むこうの　本やさんに

いく　つもりです。

ちょうど　その　とき、みちの

むこうがわで、きつねさんも

まって　いました。

しんごうが　青に　なりました。

ソ・ソ・ソ・ソ・ソ・ソ

ふたりは、

あっちと　こっちから、

おうだんほどうを

あるきはじめました。

でも、くまさんと

きつねさんは、ともだちじゃ

ないから　気が　つきません。

それで　また

ふたりは、

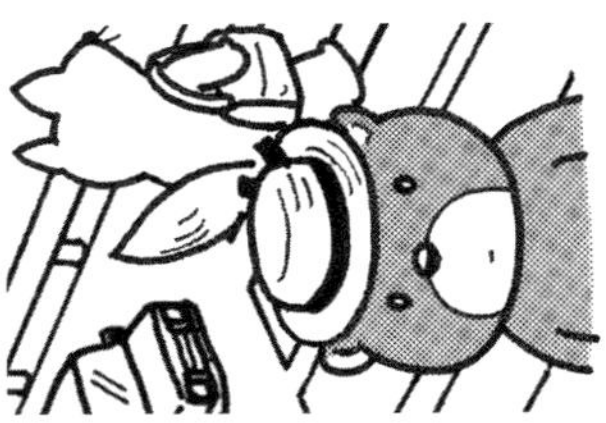

「……。」

「……。」

だまって　とおりすぎました。

学校図書　みんなと　まなぶ　しょうがっこう　こくご　一年（下）こうやま　よしこ

うえの　ぶんを　よんで　こたえましょう。（⑴〜⑸まで　各20）

⑴　くまさんは、しんごうが　青に　なったら、どこへ　いく　つもりですか。

（　　　　　　　　　　）

⑵　きつねさんは　どこで　まって　いましたか。

（　　　　　　　　　　）

⑶　「ソ・ソ・ソ・ソ・ソ」は　なんの　ようすを　あらわして　いますか。

（　　　　　　　　　　）

⑷　「それで　ふたりは、」と　かかないで、「それで　また　ふたりは、」と　かいて　あります。どうして　またを　つけたして　いるのでしょう。

（　　　　　　　　　　）

⑸　なぜ　ふたりは　だまって　とおりすぎたのでしょう。

（　　　　　　　　　　）

はじめは「や！」 ⑷

なまえ

くまさんは、本やさんで　本を　かいました。それから　みどりの　こうえんに　いきました。そこには、いつも　くまさんが　すわる　ベンチが　ありました。

くまさんは、そこで　ひと休み。ぼうしを　とって、ベンチに　おいて　ひと休み。

すると、むこうから、また　また　さっきの　きつねさんが　やって　きました。

きつねさんは、にもつを　いっぱい　もって　います。

（きつねさん、ちょっと　休んで　いくと　いいのに。）

それで　くまさんは、ベンチに　おいた　ぼうしを　とって、そっと　ひざに　おきました。

きつねさんが　すわりました。

でも、ふたりは　まだ　ともだちじゃ　ないから、

「……。」

「……。」

で、すこし　すまして、

「や。」

「……や。」

うえの　ぶんを　よんで　こたえましょう。

(1) くまさんは、どこで　ひと休み　しましたか。(15)

（　　　　）

(2) ベンチで　ひと休みしている　くまさんの　ところに　やって　きたのは　だれですか。(15)

（　　　　）

(3) くまさんが、（きつねさん、ちょっと　休んで　いくと　いいのに。）と　おもったのは　どうしてですか。(15)

（　　　　）

(4) くまさんが、ベンチに　おいた　ぼうしを　とって、そっと　ひざに　おいたのは　どうしてですか。(15)

（　　　　）

(5) ふたりが「……。」「……。」と　だまって　いたのは　どうしてですか。(20)

（　　　　）

(6) つぎの　ことばは　だれが　いいましたか。(10×2)

「や。」（　　　　）

「……や。」（　　　　）

はじめは「や!」(5)

なまえ

ひと休みが　すむと、くまさんは、きつねさんの　にもつを　もって　あげたく　なりました。それで　いいました。
「はんぶん　もちましょう。」
「や、ありがとう。どうも　どうも。」
つぎの　日、くまさんは、また　さんぽに　出かけました。ぼうしを　かぶって。きのう　かった　本を、こうえんの　ベンチで　よもうと　おもって。
しばらく　いくと、
「……や?」
また、きのうの　きつねさんに　あいました。
くまさんは　おもわず、
「やあ　やあ　やあ。」
きつねさんも　おもわず、
「やあ　やあ　やあ。」
とたんに　ふたりは、とっても　とっても　うれしく　なって、その　日から　なかよし、いちばんの　ともだちに　なりました。

（学校図書　みんなとまなぶ　しょうがっこうこくご一年（下）こうやま　よしこ）

うえの　ぶんを　よんで　こたえましょう。

(1) ひと休みが　すむと、くまさんは　どんな　きもちに　なりましたか。(15)

（　　　　　　　　　　）

(2) くまさんは、きつねさんの　にもつを　どうして　あげようと　いいましたか。(15)

（　　　　　　　　　　）

(3) ① つぎの　日、くまさんは　なにを　しに　出かけましたか。

（　　　　　　　　　　）

② こうえんの　ベンチで　なにを　しようと　おもったのでしょう。(15×2)

（　　　　　　　　　　）

(4) くまさんと　きつねさんが、おもわず「やあ　やあ　やあ。」と　いったのは　どうしてですか。(15)

（　　　　　　　　　　）

(5) ふたりが　とっても　とっても　うれしく　なったのは　どうしてですか。(15)

（　　　　　　　　　　）

(6) その　日から、ふたりは　どうなりましたか。(10)

（　　　　　　　　　　）

ろくべえまってろよ (1)

なまえ

「キョユーン、ワンワン。
キョユーン、ワンワン。」
ろくべえが　あなに　おちて
いるのを、さいしょに　見つけた
のは、えいじくんです。
「まぬけ。」
と、かんちゃんが　いいました。
犬の　くせに　あなに　おちるな
んて、じっさい　まぬけです。
あなは、ふかくて、まっくらで
す。なきごえで　ろくべえと　い
う　ことは　わかりますが、すが
たは　見えません。
みつおくんが、うちから、かい
中でんとうを　もって　きました。
てらすと、上を　むいて　ないて
いる　ろくべえが　見えました。
「ろくべえ。がんばれ。」
えいじくんが、大きな
こえで　さけびました。
「ワンワン。」
うれしいのか、ろくべ
えの　なきごえは、ま
えより　大きく　なりました。
「ろくべえ。がんばれ。」
みんな、口々に　いいました。

（学校図書　みんなとまなぶ　しょうがっこうこくご一年（下）はいたに　けんじろう）

うえの　ぶんを　よんで　こたえましょう。

(1) ろくべえは　どこに　おちましたか。⑮

(2) ろくべえを　さいしょに　見つけたのは、だれですか。⑮

(3) どうして　かんちゃんは「まぬけ。」と　いったのでしょう。⑮

(4) すがたは　見えないのに、なぜ　ろくべえと　わかるのですか。⑮

(5) みつおくんが　かい中でんとうを　もって　きたのは　どうしてですか。⑳

(6) えいじくんに「ろくべえ。がんばれ。」といわれて、ろくべえの　なきごえは、どうなりましたか。⑳

ろくべえまってろよ ⑵

なまえ

ろくべえが　まるく　なって　しまったので、みんな、しんぱいに　なって　きました。

「ろくべえ。」

よびかけても、ろくべえは、ちょっと　目を　上げるだけです。

①「ろくべえ。げん気　出しい。」

えいじくんは、そう　いって、「どんぐりころころ」の　うたを　うたいました。

②「もっと　けいきの　ええ　うたを　うたわな　あかん。」

かんちゃんは、おとなのような　ことを　いって、「おもちゃの　チャチャチャ」を　うたいだしました。

みんなも　うたいました。

ろくべえは、やっぱり、ちょっと　目を　上げただけです。

「ろくべえは、シャボン玉が　すきでしょ。シャボン玉を　ふいて　あげたら、げん気が　出るかも……。」

みすずちゃんが、やさしい　こえで　いいました。

（学校図書　みんなとまなぶ　しょうがっこうこくご一年（下）はいたに　けんじろう）

うえの　ぶんを　よんで　こたえましょう。

(1) みんなが　しんぱいに　なって　きたのは　どうしてですか。(15)

(2) 「ろくべえ。」と　よびかけられて、ろくべえは　どうしましたか。(15)

(3) ① えいじくんは　さいしょに　なんの　うたを　うたいましたか。(10×2)

② つぎに　かんちゃんが　うたったのは　なんの　うたですか。

(4) みんなの　うたを　きいて　ろくべえは　どうしましたか。(15)

(5) みすずちゃんは、どうして　あげたら　ろくべえの　げん気が　出るかもと　いいましたか。(15)

(6) ①「ろくべえ。げん気　出しい。」②「もっと　けいきの　ええ　うたを　うたわな　あかん。」は、だれが　いいましたか。(10×2)

①

②

まほうの　はこ

なまえ

はこが　あります。

いぬが　やって　きました。
はこから　にくが
とびだしました。

ねこが　やって　きました。
はこから　さかなが
とびだしました。

うさぎが　やって　きました。
はこから　にんじんが
とびだしました。

りすが　やって　きました。
はこから　きの　みが
とびだしました。

なんでも　でて　くる
まほうの　はこです。

（大阪書籍　しょうがくこくご一年（上））

うえの　ぶんを　よんで　こたえましょう。

(1) いぬが　やって　くると、はこから　なにが　とびだしましたか。（10）

(2) ねこが　やって　くると、はこから　なにが　とびだしましたか。（10）

(3) はこから　にんじんが　とびだしたのは、だれが　きた　ときですか。（10）

(4) はこから　きの　みが　とびだしたのは、だれが　きた　ときですか。（10）

(5) この　はこは、どんな　ものが　でてくる　まほうの　はこですか。（20）

(6) つぎの　どうぶつの　すきな　ものを　せんで　むすびましょう。（10×4）

りす・	・さかな
ねこ・	・にんじん
いぬ・	・きの　み
うさぎ・	・にく

どうぞの いす

うさぎさんは、いすを
おおきな　きの　したに
おきました。
　そして、
「どうぞの　いす」
と　かいた　たてふだを
たてました。

　はなを　せおった
ろばさんが　きました。
いすを　みると、いいました。
「では、ひとやすみ。」
ろばさんは、いすに
かごを　おろして、
ねて　しまいました。

　くまさんが　きました。
いすの　はなを　みると、
いいました。
「これは　うれしい。」
そして、はなを　かかえると、
かわりに　みつを
おいて　いきました。

（大阪書籍　しょうがくこくご一年（上）　こうやま　よしこ）

なまえ

うえの　ぶんを　よんで　こたえましょう。

(1)　うさぎさんが　いすを　おおきな　きの　したに　おいたのは　どうしてでしょう。
（　　　　　　）(15)

(2)　ろばさんが　いすを　みて、ひとやすみしようと　おもったのは　どうしてでしょう。
（　　　　　　）(15)

(3)　ろばさんは、どこに　なにを　おろしましたか。
（　　　）に（　　　）を　おろして、ねて　しまいました。(10×2)

(4)　ろばさんの　かごには、なにが　はいって　いましたか。
（　　　　　　）(15)

(5)　くまさんが　「これは　うれしい。」と　おもったのは、どうしてでしょう。
（　　　　　　）(15)

(6)　くまさんは、どこに　なにを　おいて　いきましたか。
（　　　）に（　　　）を　おいて　いった。(10×2)

はんぶんずつ すこしずつ

なまえ

森の くまじいさんは、さかなとりの めいじんです。

どんなに ながれの はやい 川の 中でも、みごとに さかなを つかまえました。

ザブーン、ジャバ、ジャバ、ジャバ。

「それに しても……、こんなに 大きな さけを とったのは、ひさしぶりじゃわい。」

うちに かえった くまじいさんは、さっそく おりょうりに とりかかりました。

「はんぶんは フライに して たべると して、さて、のこりの はんぶんを どう しよう。」

なにしろ、この さけは、ひとりで たべるには 大きすぎるのです。

そこで、きつねに あげる ことに しました。

「きつねくん、はんぶん もらって くれんかね。」

きつねは、もらった はんぶんの さけの、その また はんぶんを、おなべで ぐつぐつと にて たべました。

(大阪書籍 しょうがくこくご一年(下) おおもと いちろう)

うえの ぶんを よんで こたえましょう。

(1) くまじいさんは、なにの めいじんですか。(15)

(　　　　　　　　)

(2) くまじいさんは、なにを とりましたか。(15)

(　　　　　　　　)

(3) くまじいさんは、とったものの はんぶんを、なにに して たべましたか。(15)

(　　　　　　　　)

(4) くまじいさんは、とったものを ひとりで どれくらい たべることに しましたか。(15)

(　　　　　　　　)

(5) くまじいさんが、きつねに あげる ことに したのは どうしてですか。(20)

(　　　　　　　　)

(6) ① きつねは くまじいさんに もらった ものを、どれだけ たべましたか。(10×2)

(　　　　　　　　)

② きつねは もらったものを、どう りょうりして たべましたか。

(　　　　　　　　)

はんぶんずつ すこしずつ (2)

なまえ

ハークション。うちの 中から、大きな くしゃみが きこえて きました。

あわてて うちの 中へ はいって みますと、くまじいさんは、うんうん うなって ねて いました。

「さけを とりに、つめたい 川に はいったから、かぜを ひいたんだね。」

みんなは、おみまいを いって かえりました。

「早く よく なって くださいね。」

それから しばらく して、くまじいさんの うちに にもつが とどきました。

あけて みると、けいとの ながい マフラーが ありました。

「おや、てがみも はいっとるぞ。」

> みんなで はんぶんずつ たべました。
> みんなで すこしずつ あみました。
> きつね うさぎ ねずみより

（大阪書籍 しょうがくこくご一年（下） おかもと いちろう）

うえの ぶんを よんで こたえましょう。

(1) うちの 中から、なにが きこえて きましたか。（15）

(2) くまじいさんは、どうして いましたか。（15）

(3) くまじいさんが かぜを ひいたのは、どうしてですか。（15）

(4) くまじいさんの うちに とどいた にもつには、なにが はいって いましたか。二つ かきましょう。（10×2）

(5) みんなで はんぶんずつ たべたのは なにですか。（10）

(6) みんなで すこしずつ あんだのは なにですか。（10）

(7) なぜ、みんなで マフラーを あんで くまさんに とどけたのですか。（15）

天に のぼった おけや (1)

なまえ

むかし、ある ところに、のんきものの おけやが すんで いた。

ある 日、

トーンカッカ

トーンカッカ

たけの わを はめて いると、どう した ことか たけが はじけて、おけやは ぽうんと くもの 上まで とばされて しまった。

「わ、まあ。ここは どこやろ。」

ふと みると、そばに たいこだの かがみだのを もった かみなりが いる。

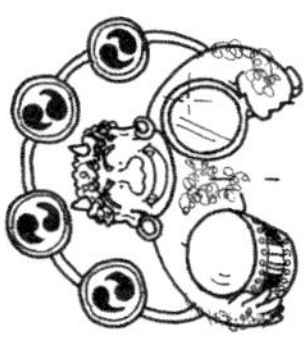

「よう きた。これから しばらく ぶりで 雨 ふらしに いく とこやけど、人が たらんで こまってたのや。ちょっと ばかり てつだえ。なに、むつかしい ことや ない。わしが たいこ たたいたら、おまえは この 水ぶくろから 雨の たねを ちくちく まくだけで ええのや。」

かみなりは、ずしりと おもい ふくろを、おけやに わたした。

（大阪書籍 しょうがくこくご一年（下） かわむら たかし）

うえの ぶんを よんで こたえましょう。

(1) おけやは どんな 人ですか。 (15)

（　　　　　　　　　）

(2) 「トーンカッカ」は なんの おとですか。 (15)

（　　　　　　　　　）

(3) おけやが くもの 上まで とばされたのは どうしてですか。 (15)

（　　　　　　　　　）

(4) くもの 上には だれが いましたか。 (15)

（　　　　　　　　　）

(5) なぜ かみなりは おけやに てつだいを たのんだのでしょう。 (15)

（　　　　　　　　　）

(6) おけやが たのまれたことは なんだったのでしょう。 (15)

（　　　　　　　　　）

(7) ずしりと おもい ふくろの 中に 入って いたのは なんですか。 (10)

（　　　　　　　　　）

天に のぼった おけや (2)

なまえ

「まきすぎるなよ。ほな、出かけようか。」
かみなりは、たいこを ドコドコ ガラガラ ならし、かがみを ぴかぴか しゃきしゃき ひからせながら はしりだす。それっと いうので、おけやも 雨の たねを ちくちく まく。
ちくちく まくだけでも、下は ひどい ゆうだちだ。
ちょうど その 日は、たなばたまつりだった。あっちの むらでも、こっちの むらでも、
ピイピイ カラカラ
トンタコ トンタコ
ふえや たいこで にぎやかだったから、ひさしぶりに 雨が ふって、うれしいやら ぬれるやらの 大さわぎ。

（大阪書籍 しょうがくこくご一年（下） かわむら たかし）

うえの ぶんを よんで こたえましょう。

(1) かみなりは、おけやに どんな ことを ちゅうい しましたか。 (15)

(2) かみなりは たいこと かがみを、どのように ならしたり、ひからせたり しましたか。 (15×2)

たいこ

かがみ

(3) おけやは、雨の たねを どんな ふうに まきましたか。 (15)

(4) その 日は、なにの 日 でしたか。 (15)

(5) むらは どんな ようす でしたか。 (15)

(6) ひさしぶりに 雨が ふって、むらの 人たちは どんな ふうに なりましたか。 (10)

ぴかぴかの ウーフ(1)

なまえ

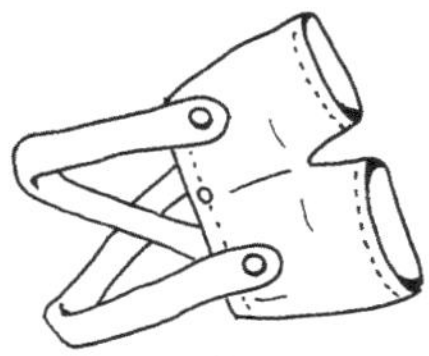

「ねえ、ウーフ。」と、おかあさんが くまの子 ウーフに いいました。

「その ズボン、ずいぶん 小さく なったわね。きょうね、となり村の おばさんが あそびに くるの。あそこには、男の子が 三人も いるんですもの。その ズボン、ゆずって あげましょう。きっと、よろこんで はいて くれるわ。」

「えっ、これ あげちゃうの。」

ウーフは びっくりしました。

「いやだい、まだ はけるよ。」

「子どもは 大きく なるけれど、シャツや ズボンは 大きく ならないのよ。大きく なるのは うれしい ことでしょ。ね、ウーフには、あたらしい ズボンを つくって あげるわ。」

「いやだい これが いいんだい。」

青い ズボン、つりズボン。

ウーフと いっしょに 木のぼりして、いっしょに のはらを ころがった、大すきな ズボンを あげちゃうなんて。

（大阪書籍　しょうがくこくご二年（下）かんざわ　としこ）

うえの ぶんを よんで こたえましょう。

(1) おかあさんは ウーフの ズボンを、どう なったと いって いますか。

(　　　　　　　　　　)

(2) おかあさんは ウーフの ズボンを、どうしようと おもって いますか。

(　　　　　　　　　　)

(3) ウーフが おかあさんの いうことを きいて びっくり したのは どうしてですか。

(　　　　　　　　　　)

(4) ウーフの ズボンは どんな ズボンですか。

(　　　　　　　　　　)

(5) ウーフが ズボンを ゆずるのは いやだと いって いるのは どうしてですか。

(　　　　　　　　　　)

(6) おかあさんは ウーフに、どんな 大きさの あたらしい ズボンを つくって あげようと おもって いますか。

(　　　　　　　　　　)

ぴかぴかの ウーフ (2)

なまえ

ウーフは、かなしく なりました。

「この ズボン、おかあさんが 人に あげるって いうんだ。」

「小さく なったら ぬぐ ものよ。あたしの この ふくだって、小さく なったら ぬいじゃうのよ。」

「へ、おばさん、それ、ふくなの。」

「はだかに 見えたの。いやね。からだに ぴったしの この スーツ、ねる とき、おきる とき、いつも いっしょ。あたしの ねごとも ためいきも、みんな しってる この スーツ。わかれるのは せつないけど、あたらしい ふくを きるときは、うれしい ものよ。こころまで ぴかぴか。いっちょう やろうって 気に なるわよ。」

「いっちょうって、おとうふ くれるの。」

「ああら、よし、いくぜって 気もちよ。ウーフちゃん、へびの ぬいだ ふくは、だれも きて くれないのよ。」

（大阪書籍　しょうがくこくご一年（下）かんざわ　としこ）

うえの ぶんを よんで こたえましょう。（(1)〜(5)まで　各20）

(1) ウーフは どうして かなしく なったのでしょう。

(2) へびの おばさんは、小さく なった ふくは どうするものだと いいましたか。

(3) へびの おばさんは、小さく なった スーツを ぬぐときは どんな 気もちに なると いいましたか。

(4) へびの おばさんは、あたらしい ふくを きるときは どんな 気もちに なると いいましたか。

(5) 「いっちょう やろう」という 気もちと おなじ いみの ことばを、文の 中から さがして かきましょう。

思考力・表現力・活用力を高め、
よりPISA型をめざした
全文読解力問題

おおきな かぶ(1)

なまえ

おじいさんが、かぶの たねを

まきました。

「あまい あまい かぶに なれ。

おおきな おおきな かぶに

なれ。」

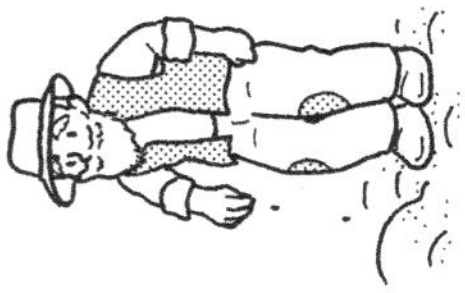

あまい、げんきの よい、

とてつもなく おおきい

かぶが できました。

おじいさんは、かぶを

ぬこうと しました。

「うんとこしょ、どっこいしょ。」

ところが、かぶは ぬけません。

※「おおきな かぶ」（うちだ りさこ訳）の教材は、教育出版・大阪書籍・学校図書の十七年度版一年生国語教科書にも掲載されています。

＊＊＊＊＊＊＊＊＊＊＊＊＊＊＊＊＊＊＊＊

おじいさんは、おばあさ

んを よんで きました。

おばあさんが おじい

さんを ひっぱって、

おじいさんが かぶを

ひっぱって、

「うんとこしょ、どっこいしょ。」

それでも、かぶは ぬけません。

おばあさんは、まごを よんで

きました。

まごが おばあさんを

ひっぱって、

おばあさんが おじいさんを

ひっぱって、

おじいさんが かぶを

ひっぱって、

「うんとこしょ、どっこいしょ。」

まだ まだ、かぶは

ぬけません。

（東京書籍　新編　あたらしいこくご一年（上）　ロシア民話　うちだ　りさこ訳）

おおきな かぶ(1)

なまえ

「おおきな かぶ(1)」を よんで こたえましょう。

(1) ① あまい、げんきの よい、とてつもなく おおきい かぶが できました。おじいさんは どんな せわを したのでしょうか。一こ えらんで ○を しましょう。(15×2)

（　）まいにち みずを やり、くさを ぬき、ひりょうを やった。

（　）ほうって おいても 大きく なるので、あまり せわを しなかった。

（　）ときどき みずを やった。

② なぜ そう おもったのか、かいて みましょう。

（　　　　　　　　）

(2) ① とてつもなく おおきい かぶが できました。おじいさんに とって どんな かぶが できたのでしょうか。どちらかを えらんで ○を しましょう。(15×2)

（　）はじめから おもったとおりの かぶが できた。

（　）おもいも しなかった かぶが できた。

② なぜ そちらを えらんだのか、かいて みましょう。

（　　　　　　　　）

(3) おじいさんは ひとりで かぶを ぬこうと しましたが、ぬけませんでした。そのとき、おじいさんは どう おもいましたか。ふきだしに ことばを かいて みましょう。(20)

(4) 「それでも、かぶは ぬけません。」と、「まだ まだ、かぶは ぬけません。」とでは、どちらの いいかたの ほうが、ぬけない ようすが よく でているでしょう。(20)

（　　　　　　　　）

おおきな かぶ(2)

なまえ

まごは、いぬを よんで
きました。
いぬが まごを ひっぱって、
まごが おばあさんを
ひっぱって、
おばあさんが おじいさんを
ひっぱって、
おじいさんが かぶを
ひっぱって、
「うんとこしょ、どっこいしょ。」

まだ まだ、まだ、まだ、
ぬけません。

いぬは、ねこを よんで
きました。
ねこが いぬを ひっぱって、
いぬが まごを ひっぱって、
まごが おばあさんを
ひっぱって、
おばあさんが おじいさんを
ひっぱって、
おじいさんが かぶを
ひっぱって、
「うんとこしょ、どっこいしょ。」
それでも、かぶは ぬけません。

＊＊

ねこは、ねずみを よんで
きました。
ねずみが ねこを ひっぱって、
ねこが いぬを ひっぱって、
いぬが まごを ひっぱって、
まごが おばあさんを
ひっぱって、
おばあさんが おじいさんを
ひっぱって、
おじいさんが かぶを
ひっぱって、
「うんとこしょ、どっこいしょ。」
やっと、かぶは ぬけました。

（東京書籍 新編 あたらしいこくご一年（上） ロシア民話 うちだ りさこ訳）

おおきな かぶ(2)

なまえ

「おおきな かぶ」(1)(2)を よんで こたえましょう。

(1) ① この おはなしには「うんとこしょ、どっこいしょ。」が ぜんぶで 6かい でてきます。こえの おおきさは どうなって いったと おもいますか。一つ えらんで ○を しましょう。 (10)

（　　）一かいめも 6かいめも かわらない。

（　　）だんだん おおきく なって いった。

（　　）だんだん ちいさく なって いった。

② なぜ そう おもったのか、かいてみましょう。 (10)

（　　　　　　　　　　）

(2) おはなしに でてくる じゅんに、ひとや どうぶつを（ ）に かきましょう。 (10×6)

① はじめに、（　　　　　）が かぶを ぬこうとしています。

② ところが、ぬけないので、（　　　　　）を よびました。

③ それでも、ぬけないので、（　　　　　）を よびました。

④ まだ まだ、ぬけないので、（　　　　　）を よびました。

⑤ まだ まだ まだ まだ、ぬけないので、（　　　　　）を よびました。

⑥ それでも、ぬけないので、（　　　　　）を よびました。

⑦ さいごに みんなで ひっぱって、やっと、かぶは ぬけました。

(3) ① おはなしに でてくる おじいさんは、どんな ひとだと おもいますか。つぎの なかから いちばん よく あてはまる ものを 一つだけ えらんで ○で かこみましょう。 (10×2)

やさしい　なまけもの　いじわる　こわい　たすけあう

しんせつ　ちからもち　よくがんばる　おもしろい　まじめ

② なぜ それを えらんだのか、かいてみましょう。

（　　　　　　　　　　）

くじらぐも (1)

なまえ

四じかんめの ことです。

一ねん二くみの 子どもたちが

たいそうを して いると、空に、

大きな くじらが あらわれました。

まっしろい くもの くじらです。

「一、二、三、四。」

くじらも、たいそうを

はじめました。のびたり

ちぢんだり して、

しんこきゅうも しました。

みんなが かけあしで

うんどうじょうを まわると、

くもの くじらも、空を

まわりました。

せんせいが ふえを ふいて、

とまれの あいずを すると、

くじらも とまりました。

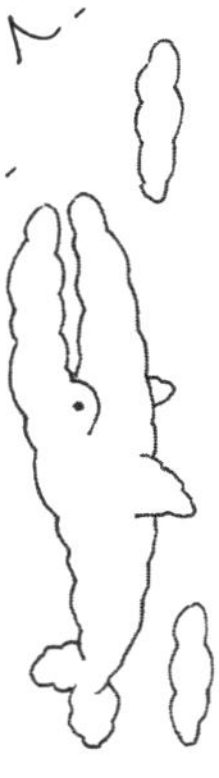

「まわれ、右。」

せんせいが ごうれいを

かけると、くじらも、空で

まわれ右を しました。

「あの くじらは、きっと

がっこうが すきなんだね。」

みんなは、大きな こえで、

「おうい。」

と よびました。

「おうい。」

と、くじらも

こたえました。

「ここへ おいでよう。」

みんなが さそうと、

「ここへ おいでよう。」

と、くじらも さそいました。

「よし きた。くもの

くじらに とびのろう。」

男の子も、女の子も、

はりきりました。

（光村図書 こくご一年（下）ともだち なかがわ りえこ）

くじらぐも (1)

なまえ

「くじらぐも」(1)を よんで こたえましょう。

(1) この おはなしに かいて ある ことに いちばん あって いるのは、つぎの うち どれでしょうか。一つ えらんで、□に きごうを かきましょう。 (20)

あ 子どもたちが うんどうじょうで たいそうを して いると、空に くじらぐもが あらわれて、子どもたちの まねを しました。

い 子どもたちは くじらぐもを がっこうへ さそって、いっしょに たいそうを しました。

う くじらぐもは、子どもたちの ようすを みるために、がっこうへ やって きて おうえん しました。

(2) みんなが「あの くじらは、きっと がっこうが すきなんだね。」と いったのは、くじらが どんな ことを したからですか。 (20)

(　　　　　　　　　　)

(3) ① この おはなしに でて くるのは、どんな くじらですか。つぎの なかから いちばん よく あてはまるものを 一つ えらんで ○で かこみましょう。 (20×2)

大きい	まっくろ	うみの くじら	げんき	がっこうが すき
小さい	まっしろ	くもの くじら	よわむし	けんかが すき
せんせいが すき	たのしい	いじわる	かわいい	子どもが すき

② なぜ それを えらんだのか、かいて みましょう。

(　　　　　　　　　　)

(4) みんなは、大きな こえで、「おうい。」と よびました。あなたなら くじらぐもに なんと いって よびかけますか。 (20)

(　　　　　　　　　　)

くじらぐも (2)

なまえ

みんなは、手を　つないで、まる
い　わに　なると、
「天まで　とどけ、一、二、三。」
と　ジャンプしました。でも、とんだ
のは、やっと　三十センチぐらいです。
「もっと　たかく。もっと　たかく。」
と、くじらが　おうえんしました。
「天まで　とどけ、一、二、三。」
こんどは、五十センチぐらい
とべました。
「もっと　たかく。もっと　たかく。」
と、くじらが　おう
えんしました。
「天まで　とどけ、
一、二、三。」
その　ときです。
いきなり、かぜが、みんなを
空へ　ふきとばしました。
そして、あっと　いう　まに、
せんせいと　子どもたちは、
手を　つないだ　まま、くもの
くじらに　のって　いました。
「さあ、およぐぞ。」
くじらは、あおい　あおい　空の
なかを、げんき　いっぱい　すすん
で　いきました。うみの　ほうへ、
むらの　ほうへ、まちの　ほうへ。

＊＊

みんなは、うたを　うたいました。
空は、どこまでも　どこまでも
つづきます。
「おや、もう　おひるだ。」
せんせいが　うでどけいを
見て、おどろくと、
「では、かえろう。」
と、くじらは、まわれ右を
しました。

しばらく　いくと、がっこうの
やねが、見えて　きました。
くじらぐもは、ジャングルジムの
うえに、みんなを　おろしました。
「さようなら。」
みんなが　手を　ふった
とき、四じかんめの
おわりの　チャイムが
なりだしました。
「さようなら。」
くもの　くじらは、また、
げんき　よく、あおい
空の　なかへ　かえって
いきました。

（光村図書　こくご一年（下）ともだち　なかがわ　りえこ）

くじらぐも ⑵

なまえ

「くじらぐも」⑵を よんで こたえましょう。

(1) せんせいと 子どもたちが、くじらぐもに のれたのは、なにの おかげですか。

(　　　　　　　　　　)

(2) 「おや、もう おひるだ。」と せんせいが うでどけいを 見て、おどろいたのは どうしてですか。

(　　　　　　　　　　)

(3) つぎの ㋐㋑㋒の 子どもや くじらは、くもの うえで なにを はなしたと おもいますか。ふきだしに かきましょう。

(4) 「さようなら。」と いって かえって いく くもの くじらに、あなたは なんと いいますか。ふきだしに ことばを かきましょう。

たぬきの 糸車 (1)

なまえ

むかし、ある 山おくに、きこりの ふうふが すんで いました。山おくの 一けんやなので、まいばんのように たぬきが やって きて、いたずらを しました。そこで、きこりは わなを しかけました。

ある 月の きれいな ばんの こと、おかみさんは、糸車を まわして、糸を つむいで いました。

キーカラカラ キーカラカラ
キークルクル キークルクル

ふと 気が つくと、やぶれしょうじの あなから、二つの くりくりした 目玉が、こちらを のぞいて いました。

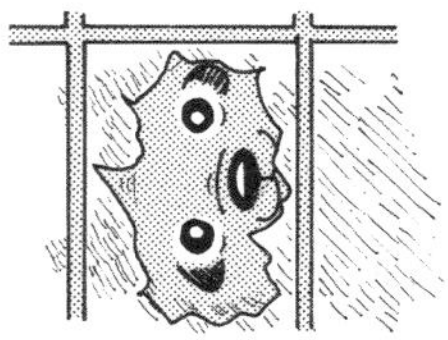

糸車が キークルクルと まわるに つれて、二つの 目玉も、くるりくるりと まわりました。そして、月の あかるい しょうじに、糸車を まわす まねを する たぬきの かげが うつりました。

おかみさんは、おもわず ふき出しそうに なりましたが、だまって 糸車を まわして いました。

それからと いうもの、たぬきは、まいばん まいばん やって きて、糸車を まわす まねを くりかえしました。

「いたずらもんだが、かわいいな。」

ある ばん、こやの うらで、キャーッと いう さけびごえが しました。おかみさんが こわごわ いって みると、いつもの たぬきが、わなに かかって いました。

「かわいそうに。わなに なんか かかるんじゃ ないよ。たぬきじるに されて しまうで。」

おかみさんは、そう いって、たぬきを にがして やりました。

(光村図書 こくご一年（下） ともだち きし なみ)

たぬきの 糸車 (1)

なまえ

「たぬきの 糸車」(1)を よんで こたえましょう。

(1) きこりが わなを しかけたのは どうしてですか。 (20)

(2) ① やぶれしょうじの あなから、こちらを のぞいて いたのは だれですか。 (20×2)

② ①は、あなから のぞきながら、どんな ことを かんがえて いたと おもいますか。

(3) たぬきが、まいばん まいばん やって きたのは、なぜだと おもいますか。 (20)

(4) おかみさんが、わなに かかった たぬきを にがして やった わけは、つぎの うち どれですか。ただしい ものに ○を しましょう。 (20)

( ) たぬきじるに して たべるため。

( ) 「いたずらもんだが、かわいいな。」と おもって いるから。

( ) また いたずらを して、みせて ほしいから。

たぬきの 糸車 ⑵

なまえ

やがて、山の 木の はが お
ちて、ふゆが やって きました。
ゆきが ふりはじめると、きこり
の ふうふは、村へ 下りて い
きました。
　はるに なって、また、きこり
の ふうふは、山おくの こやに
もどって きました。
　とを あけた とき、おかみさ
んは あっと おどろきました。
いたの間に、白い 糸の たば
が、山のように つんで あった
のです。そのうえ、ほこりだらけ
の はずの 糸車には、まきかけ
た 糸まで かかって います。

「はあて、ふしぎな。
どう した こっちゃ。」
　おかみさんは、そう おもいなが
ら、土間で ごはんを たきはじ
めました。すると、
　キーカラカラ　キーカラカラ
　キークルクル　キークルクル

＊＊

と、糸車の まわる 音が、きこ
えて きました。びっくりして
ふりむくと、いたどの
かげから、ちゃいろの
しっぽが ちらりと
見えました。

　そっと のぞくと、いつかの
たぬきが、じょうずな 手つきで、
糸を つむいで いるのでした。
たぬきは、つむぎおわると、こん
どは、いつも おかみさんが し
て いた とおりに、たばねて
わきに つみかさねました。
　たぬきは、ふい
に、おかみさんが
のぞいて いるの
に 気が つきました。

　たぬきは、ぴょこんと
そとに とび下りました。そして、
うれしくて たまらないと いう
ように、ぴょんぴょこ おどりな
がら かえって いきましたとさ。

（光村図書　こくご一年（下）ともだち　きし　なみ）

たぬきの 糸車 (2)

なまえ

「たぬきの 糸車」(1)(2)を よんで こたえましょう。

(1) つぎの カードに、おはなしの じゅんに 2〜6の ばんごうを かきましょう。(10×5)

たぬきは、ふいに、おかみさんが のぞいて いるのに 気が つきました。
一　ゆきが ふりはじめると、きこりの ふうふは、村へ 下りて いきました。
たぬきは、うれしくて たまらないと いうように、ぴょんぴょこ おどりながら かえって いきました。
はるに なって、また、きこりの ふうふは、山おくの こやに もどって きました。
たぬきが、じょうずな 手つきで、糸を つむいで いるのでした。
とを あけると、いたの間に、白い 糸の たばが、山のように つんで あったのです。

(2) たぬきが、いたの間に、白い 糸の たばを、山のように つむいだのは、いつの ことですか。あてはまるものに ○を しましょう。(10)

（　）はる　（　）なつ　（　）あき　（　）ふゆ

(3) たぬきが、じょうずな 手つきで、糸を つむぐのは どうしてだと おもいますか。(10)

（　　　　）

(4) ① この たぬきは、どんな たぬきだと おもいますか。つぎの なかから いちばん よく あてはまるものを 一つ えらんで ○で かこみましょう。(10×2)

いたずらずき　かわいい　いじわる　しんせつ　やさしい
おもしろい　ものまねじょうず　ねばりづよい　かしこい

② なぜ それを えらんだのか、かいて みましょう。

（　　　　）

(5) たぬきは、「うれしくて たまらないと いうように、ぴょんぴょこ おどりながら かえって いきましたとさ。」と かかれて いますが、どうして うれしくて たまらなかったのでしょう。(10)

（　　　　）

サラダで げんき (1) 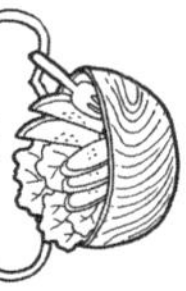

なまえ

りっちゃんは、おかあさんが びょうきなので、なにか いい ことを して あげたいと おもいました。

「かたを たたいて あげようかな。なぞなぞごっこを して あげようかな。くすぐって、わらわせて あげようかな。でも、もっと もっと いい ことは ないかしら。おかあさんが、たちまち げんきに なって しまうような こと。」

りっちゃんは、いっしょうけんめい かんがえました。

「あっ、そうだわ。おいしい サラダを つくって あげよう。げんきに なる サラダを つくって あげよう。」

りっちゃんは、れいぞうこを あけて 中を のぞきました。

＊＊＊

りっちゃんは、サラダを つくりはじめました。きゅうりを トン トン トン、キャベツは シャ シャ シャキ、トマトも ストン トン トンと きって、おおきな おさらに のせました。

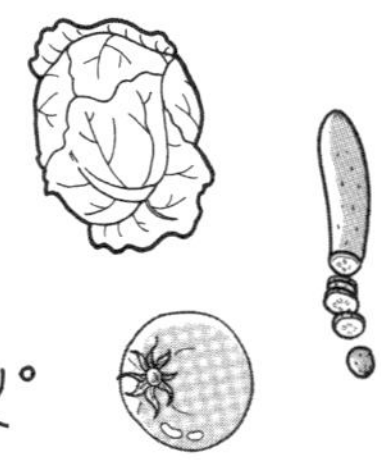

すると、のらねこが、のっそり 入って きて いいました。

「サラダに かつおぶしを 入れると いいですよ。すぐに げんきに なりますよ。木のぼりだって じょうずに なりますよ。ねこみたいにね。」

「おしえて くれて ありがとう。」

りっちゃんは、さっそく かつおぶしを サラダに かけました。

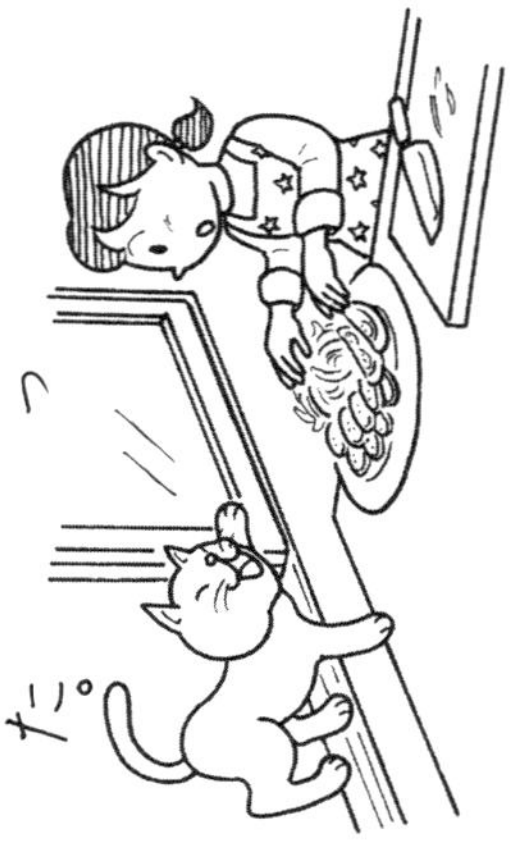

（東京書籍　新編あたらしいこくご一年（下）　かどのえいこ）

サラダで げんき (1)

なまえ

「サラダで げんき」(1)を よんで こたえましょう。

(1) りっちゃんが、びょうきの おかあさんに、して あげたいと かんがえた、なにか いい ことを ぜんぶ かきましょう。 (10×4)

(　　　　　　　　　　)
(　　　　　　　　　　)
(　　　　　　　　　　)
(　　　　　　　　　　)

(2) りっちゃんが、びょうきの おかあさんに、なにか いい ことを して あげたいと おもったのは、どうしてだと おもいますか。 (10)

(　　　　　　　　　　)

(3) あなたなら、びょうきの おかあさんに、どんなことを して あげますか。また、その わけも かきましょう。 (15×2)

して あげる こと

(　　　　　　　　　　)

その わけ

(　　　　　　　　　　)

(4) ① りっちゃんは、どんな 子だと おもいますか。つぎの なかから いちばん よく あてはまるものを 一つ えらんで ○で かこみましょう。 (10×2)

いじわる	やさしい	よく おてつだいを する
すなお	なきむし	なまけもの

② なぜ それを えらんだのか、かいてみましょう。

(　　　　　　　　　　)

サラダで げんき (2)

なまえ

そこへ、となりの 犬が とびこんで きました。

「なんと いっても、ハムサラダが いちばんさ。これを たべると、ほっぺたが たちまち ももいろに ひかりだす。ハムみたいにね。」

「おしえて くれて ありがとう。」

りっちゃんは、おおいそぎで サラダに ハムを 入れました。

まどに すずめが とんで きて いいました。

「チュッ、チュッ。とうもろこし入れなきゃ、げんきに なれない。うたも じょうずに なれない。チュッ、チュッ。チュピ、チュピ、チュ。」

「まあ、ありがとう。チュピ、チュピ、チュ。」

りっちゃんは、サラダに ゆでた とうもろこしを 入れました。

あしもとで、こそこそと、ちいさな 音が しました。

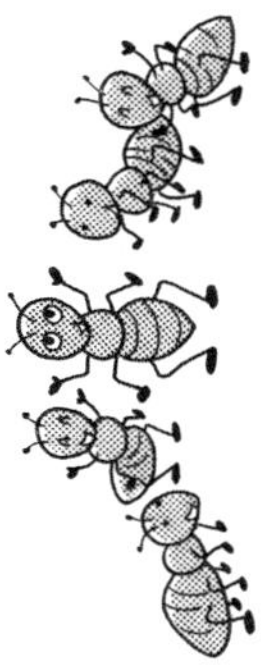

「あら、だれかしら。」

「ぼく、ぼくですよ。」

ありが ずらりと ならんで いました。

「サラダには おさとうを ちょっぴり。これが こつ。おかげで、ありは いつも はたらきものさ。」

「まあ、おしえて くれて ありがとう。じゃ、ちょっとだけ。」

こんどは、おまわりさんを のせた うまが やって きました。

「なんと いっても、サラダには にんじん。おかげで、かけっこは いつも 一とうしょう。」

「まあ、ありがとう。」

（東京書籍 新編あたらしいこくご一年（下） かどのえいこ）

サラダで げんき (2)

なまえ

「サラダで げんき」(2)を よんで こたえましょう。

(1) サラダに 入れたら よいものを、どんな いきものが おしえて くれましたか。おしえて くれた じゅんに、いきものの なまえを かきましょう。(7×4)

① (　　　　) ② (　　　　)

③ (　　　　) ④ (　　　　)

(2) りっちゃんは、サラダに なにを 入れたら、つぎの ように なると おしえて もらったのでしょう。(7×4)

うだが じょうずに なる。 ＝ (　　　　)

かけっこは いつも 一とうしょう。 ＝ (　　　　)

ほっぺたが ももいろに ひかりだす。 ＝ (　　　　)

はたらきものに なる。 ＝ (　　　　)

(3) りっちゃんが、おしえて もらったときに、いつも いっている ことばが ありります。それは どんな ことばでしょうか。五もじで □に かきましょう。(10)

(4) りっちゃんに、サラダに 入れたら よいものを おしえて くれた、つぎの いきものは だれですか。(7×2)

いちばん 大きな いきもの (　　　　)

おおぜいで やって きた いきもの (　　　　)

(5) あなたなら、サラダに なにを 入れたら いちばん よいと おもいますか。また、その わけも かきましょう。(10×2)

入れたら よい もの (　　　　)

その わけ

(　　　　)

サラダで げんき (3)

なまえ

その とき、

「でんぽうでえす。」

と、こえが して、でんぽうが とどきました。

「サラダには うみの こんぶ 入れろ、かぜ ひかぬ、いつも げんき。ほっきょくかい 白くまより。」

りっちゃんは、こえを 出して でんぽうを よむと、こんぶを きって、サラダに 入れました。

「さあ、これで できあがり。」

「おかあさん、サラダが できました よ。いっしょに いただきましょう。」

りっちゃんは、おおきな こえで いいました。

とつぜん、キューン、ゴーゴー、キューと いう 音が して、ひこうきが とまると、アフリカ ぞうが せかせかと おりて きました。

* *

「まにあって よかった よかった。ひとつ おてつだいしましょう。」

「ありがとう。でも、もう できあがったの。」

りっちゃんは いいました。

「いや いや、これからが ぼくの しごと。」

アフリカぞうは、サラダに あぶらと しおと すを かけると、スプーンを はなで にぎって、カづよく くりん くりんと まぜました。
「おかあさん、さあ、いっしょに サラダを いただきましょ。」
と、りっちゃんは いいました。
りっちゃんの おかあさんは、サラダを たべて、たちまち げんきに なりました。

（東京書籍　新編あたらしいこくご一年（下）かどのえいこ）

サラダで げんき (3)

なまえ

「サラダで げんき」(1)(2)(3)を よんで こたえましょう。

(1) りっちゃんが つくった サラダに 入って いるものを えらんで、○で かこみましょう。 (45)

(2) りっちゃんに、サラダに 入れたら よいもの を おしえて くれた いきものの なかで、りっちゃんと あって いないのは だれですか。 (10)

(　　　　)

(3) ① りょうりを てつだって くれたのは、だれですか。 (10)

(　　　　)

② どんなことを して くれましたか。 (15)

(　　　　)

(4) りっちゃんの おかあさんが、サラダを たべて、たちまち げんきに なったのは、どうしてだと おもいますか。じぶんの かんがえを かきましょう。 (20)

(　　　　)

けんかした　山

なまえ

たかい　山が、ならんで
たって　いました。
いつも　せいくらべを
しては、けんかばかり
して　いました。
「けんかを　やめろ。」
お日さまが　いいました。
お月さまも　いいました。
「おやめなさい。
そうで　ないと、
もりの　どうぶつたちは、
あんしんして　ねて
いられないから。」
それでも、どちらの　山も
いう　ことを　ききません。
ある　日の　ことでした。
とうとう、りょうほうの　山が、
まけずに　どっと
火を　ふきだしました。
たくさんの　みどりの　木が、
あっと　いう　まに、火に
つつまれました。

＊＊＊

ことりたちが、くちぐち
に　いいました。
「お日さま。はやく
くもを　よんで、
あめを　ふらせて　ください。
わたしたちも　よびに
いきますから。」
お日さまは、くもを
よびました。
くろい　くもが、
わっさ　わっさと　あつまって、
どんどん　あめを
ふらせました。
火の　きえた　山は、
しょんぼりと　かおを
みあわせました。
一ねん、二ねん、三ねん
たちました。
なんねんも
なんねんも
たちました。
山は、すっかり
みどりに
つつまれました。

（教育出版　ひろがることば　しょうがくこくご一年（上）　あんどう　みきお）

けんかした　山

なまえ

「けんかした　山」を　よんで　こたえましょう。

(1)　この　おはなしに　でてくるものを、［れい］の　ように、ぜんぶ　かきましょう。（おなじ　なまえの　ものも　あります。べつべつに　かきましょう。）(6×7)

［れい］（みどりの　木）

（　　）（　　）（　　）（　　）（　　）（　　）（　　）

(2)　けんかを　している　ときに、たかい　山が　いっている　ことばを　かんがえて、ふきだしに　かいてみましょう。(10×2)

(3)　山が　けんかを　すると、だれが　どんな　ことで　こまりますか。二つ　かきましょう。(10×2)

だれが（　　）　どんな　ことで　こまる［　　］

だれが（　　）　どんな　ことで　こまる［　　］

(4)　山が　けんかを　したとき、やさしく　ちゅうい　しているのは、お日さまと　お月さまの　どちらですか。(8)

（　　）

(5)　火の　きえた　山は、また　けんかを　したでしょうか。それとも、もう　けんかは　しなかったでしょうか。じぶんの　かんがえを、わけも　つけて　かきましょう。(10)

（　　）

たぬきの じてんしゃ

なまえ

たぬきの　こどもは、
ながい　あいだの
ゆめが　かなって、
あかい　じてんしゃを
かって　もらいました。
ところが、じぶんで　じぶんの
しっぽを　ひきそうに
なりました。

「そうだ。こう　して　しっぽを
くわえて　のれば、あんぜんだ。」
たぬきは、しっぽを　くわえて
はしりました。
「やあい、たぬきの　くいしんぼ。
じぶんの　しっぽを　たべてるぞ。」

＊＊＊

きの　うえから、からすが
からかいました。
「ちがうったら。」
たぬきは、うっかり
しゃべって　しまいました。
くちから　はなれた　しっぽは、
だらりと　さがって、しゃりんに
ぎゅっと、ひかれて　しまいました。
「いたたたっ。」
たぬきの　こどもは、ひめいを
あげて　しまいました。
それからは、じてんしゃに
のる　ときには、しっぽを
ひもで　せなかに
しっかり　おんぶして、
はしる　ことに　しましたとさ。

（学校図書　みんなとまなぶ　しょうがっこうこくご一年（上））

たぬきの じてんしゃ

なまえ

「たぬきの じてんしゃ」を よんで こたえましょう。

(1) この おはなしに でて くる どうぶつを ぜんぶ かきましょう。(10×2)

（　　　　）（　　　　）

(2) この おはなしの ちゅうしんに なる どうぶつを かきましょう。(10)

（　　　　）

(3) なぜ からすは「やあい、たぬきの くいしんぼ。じぶんの しっぽを たべてるぞ。」と いったのでしょう。(10)

（　　　　）

(4) どうして たぬきの しっぽが しゃりんに ひかれて しまったのですか。(10)

（　　　　）

(5) たぬきの こどもは、この おはなしで 3かい じてんしゃに のって います。それぞれ しっぽを どんな ふうにして のりましたか。(10×3)

1かいめ（　　　　）

2かいめ（　　　　）

3かいめ（　　　　）

(6) ① この たぬきの こどもは どんな たぬきだと おもいますか。つぎの なかから いちばん よく あてはまるものを 一つ えらんで ○で かこみましょう。(10×2)

かしこい　がまんづよい　しっかりもの　さみしがりや　たのしい

あわてんぼ　すなお　おっちょこちょい　おくびょう　かしこくない

② なぜ それを えらんだのか、かいてみましょう。

（　　　　）

どうぞの いす

なまえ

うさぎさんが
いすを　つくりました。
「さあ、この　いす
どこに　おこうかな。」
うさぎさんは、いすを
おおきな　きの　したに
おきました。
そして、
「どうぞの　いす」
と　かいた　たてふだを
たてました。

はなを　せおった
ろばさんが　きました。
いすを　みると、いいました。
「では、ひとやすみ。」
ろばさんは、いすに
かごを　おろして、
ねて　しまいました。

くまさんが　きました。
いすの　はなを　みると、
いいました。
「これは　うれしい。」
そして、はなを　かかえると、
かわりに　みつを
おいて　いきました。

＊＊

きつねさんが　きました。
いすの　みつを　みると、
いいました。
「これは　うれしい。」
そして、みつを　なめると、
かわりに　うりを
おいて　いきました。

りすさんが　きました。
いすの　うりを　みると、
いいました。
「これは　うれしい。」
そして、うりを　たべると、
かわりに　いちごを
おいて　いきました。

ろばさんが　やっと、
めを　さましました。
そして、かごを
みると、いいました。
「あれ、はなが
いちごに　なって　いる。
なぜかしら。」

(大阪書籍　しょうがくこくご一年（上）　こうやま　よしこ)

どうぞの いす

なまえ（　　　　　　　　　　）

「どうぞの いす」を よんで こたえましょう。

(1) うさぎさんは、「どうぞの いす」と たてふだに かきました。あなたなら そのあと どんな ことを かきますか。一つ えらんで ○を しましょう。あう ものが なかったら、（　）に じぶんの かきたい ことを かきましょう。 (10×2)

（　　）どうぞ いすの うえに ものを おいて ください。

（　　）どうぞ ひとやすみを していって ください。

（　　）どうぞ いすの うえの ものを おとり ください。

（　　　　　　　　　　　　　　　　　　　　）

(2) おはなしに でてくる じゅんに、どうぶつの なまえを かきましょう。 (10×4)

①（うさぎ）さん　②（　　　　）さん　③（　　　　）さん

④（　　　　）さん　⑤（　　　　）さん

(3) くまさん、きつねさん、りすさんは、「どうぞ」を どのように かんがえたのでしょうか。一つ えらんで ○を しましょう。 (10)

（　　）どうぞ いすの うえに ものを おいて ください。

（　　）どうぞ ひとやすみを していって ください。

（　　）どうぞ いすの うえの ものを おとり ください。

(4) めを さました ろばさんの、びっくりした ようすに ついて、えを みて こたえましょう。 (10×3)

①「め」は どのように なって いるでしょうか。

（　　　　　　　　　　）

②「くち」は どのように なって いるでしょうか。

（　　　　　　　　　　）

③「あし」は どのように なって いるでしょうか。

（　　　　　　　　　　）

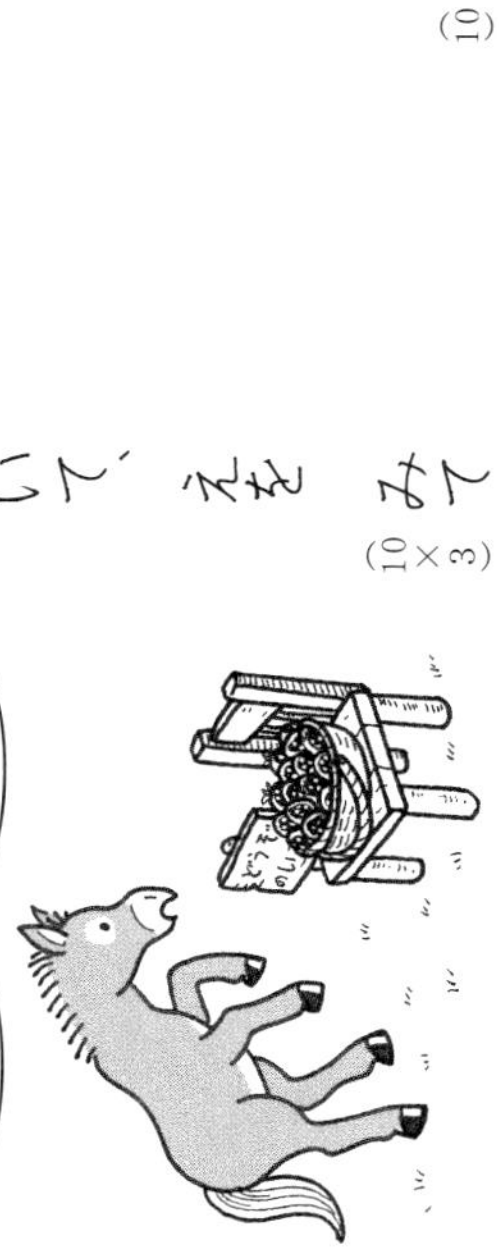

はんぶんずつ すこしずつ (1)

なまえ

森の くまじいさんは、さかなとりの めいじんです。
どんなに ながれの はやい 川の 中でも、みごとに さかなを つかまえました。

ザブーン、ジャバ、ジャバ、ジャバ。

「それに しても……、こんなに 大きな さけを とったのは、ひさしぶりじゃわい。」

うちに かえった くまじいさんは、さっそく おりょうりに とりかかりました。

「はんぶんは フライに して たべると して、さて、のこりの はんぶんを どう しようか。」

なにしろ、この さけは、ひとりで たべるには 大きすぎるのです。

そこで、きつねに あげる ことに しました。

「きつねくん、はんぶん もらって くれんかね。」

きつねは、もらった はんぶんの さけの、その また はんぶんを、おなべで ぐつぐつと にて たべました。


「うーん、こりゃ おいしい。あんまり おいしいから、のこりの はんぶんも たべて しまおうかな……。いや、まてよ。」

なにしろ、この さけは、ひとりで たべるには 大きすぎるのです。

そこで、うさぎに あげる ことに しました。

「うさぎさん、はんぶん もらって くれるかい。」

うさぎは、もらった さけの きりみを はんぶんに すると、さっそく バターやきに しました。

ジュー。
「まあ、おいしそうな いい におい。」
あまり いい においが するので、そこで うさぎは、さけの きりみの のこりの はんぶんを ねずみに あげる ことに しました。
ねずみの いっかは、十六ぴきかぞくです。
ねずみの かあさんは、さけの はいった おにぎりを 十六こ つくりました。
ねずみの いっかは、おいしい おいしいと いって たべました。

はんぶんずつ すこしずつ (1)

なまえ

「はんぶんずつ すこしずつ」(1)を よんで こたえましょう。

(1) この おはなしに でて くる どうぶつを 四つに わけて かきましょう。 (6×4)

(　　　　) (　　　　)

(　　　　) (　　　　)

(2) 大きな さけを だれが どれだけ どのように おりょうりして たべましたか。[れい]の ように かきましょう。 (12×3)

[れい] (くまじいさんは、さけの はんぶんを フライに して たべた。)

(　　　　)

(　　　　)

(　　　　)

(3) つぎの おとは なんの おとですか。 (10×2)

① ザブーン、ジャバ、ジャバ、ジャバ。

(　　　　)

② ジュー。

(　　　　)

(4) さけを いちばん たくさん たべたのは だれですか。 (10)

(　　　　)

(5) たべた さけが いちばん すくないのは だれですか。 (10)

(　　　　)

はんぶんずつ すこしずつ (2)

なまえ

　つぎの 日、ねずみの かあさん は、うさぎに おれいを いいました。

「きのうは、おいしい さけを ごちそうさま。」

「いいえ、あれは きつねくんに もらったの。」

「それじゃ、きつねくんにも おれいを いわなくちゃ。」

　ねずみの かあさんと うさぎは、きつねの うちに いきました。

「きのうは、おいしい さけを ありがとう。」

「いいえ、あれは くまじいさんに もらったんですよ。」

「それじゃ、くまじいさんに おれいを いわなくちゃ。」

　ねずみの かあさんと うさぎと きつねが、くまじいさんの うちの まえまで きた ときです。

　ハークション。

　うちの 中から、大きな くしゃみが きこえて きました。

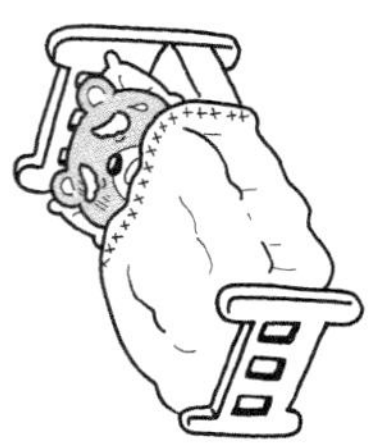

　あわてて うちの 中へ はいって みますと、くまじいさんは、うんうん うなって ねて いました。

「さけを とりに、つめたい 川に はいったから、かぜを ひいたんだね。」

「早く よく なって くださいね。」

　みんなは、おみまいを いって かえりました。

　それから しばらく して、くまじいさんの うちに にもつが とどきました。

　あけて みると、けいとの ながい マフラーが ありました。

「おや、てがみも はいってるぞ。」

みんなで はんぶんずつ たべました。

みんなで すこしずつ あみました。

きつね うさぎ ねずみより

　あたたかい マフラーの おかげで、くまじいさんの かぜは すぐに なおりました。

（大阪書籍 しょうがくこくご一年（下） おかもと いちろう）

はんぶんずつ　すこしずつ　(2)

なまえ（　　　　）

「はんぶんずつ　すこしずつ」(2)を　よんで　こたえましょう。

(1)　ねずみの　かあさんは、だれに　おれいを　いいに　いきましたか。じゅんに（　）に　かきましょう。また、そのとき、だれと　いっしょでしたか。［　］に　かきましょう。(6×5)

（　　）→（　　）→（　　）

［　　］［　　］

(2)　「ハークション。」は、だれの　なんの　おとですか。(10)

（　　）

(3)　くまじいさんの　うちに　にもつが　とどきました。なかに　なにが　はいっていましたか。(10)

（　　）

(4)　てがみには、「みんなで　はんぶんずつ　たべました。」と　かかれて　いましたが、なにを　たべたのでしょう。(10)

（　　）

(5)　この　おはなしを　よんで、ねずみの　かあさんに　てがみを　かいて　みましょう。(12)

（　　）

(6)　つぎの　ことばは、だれが　いいましたか。（たくさんで　いった　ときは、ぜんいんの　なまえを　かきましょう。）(7×4)

①「いいえ、あれは　きつねくんに　もらったの。」（　　）

②「いいえ、あれは　くまじいさんに　もらったんですよ。」（　　）

③「早く　よく　なって　くださいね。」（　　）

④「おや、てがみも　はいっとるぞ。」（　　）

※本書にかかれている解答はあくまでも一例です。答えは、文意があっていれば、○をして下さい。
「思ったこと」「考えたこと」などは様々なとらえ方があります。児童の思いをよく聞いて○をつけて下さい。

P6

おむすび ころりん(1)　なまえ［　　　］

むかし むかしの はなしだよ。
やまの はたけを たがやして、
おなかが すいた おじいさん。
そろそろ おむすび たべようか。
つつみを ひろげた その とたん、
おむすび ひとつ ころがって、
ころころ ころりん かけだした。

うえの ぶんを よんで こたえましょう。

(1) おじいさんは やまで なにを して いましたか。
（**はたけを たがやしていた。**）

(2) おなかが すいた おじいさんは どうしようと おもいましたか。
（**おむすび たべようと おもった。**）

(3) おじいさんが つつみを ひろげると おむすびは どう なりましたか。
（**ころがって、かけだした。**）

P7

おむすび ころりん(2)　なまえ［　　　］

まて まて まてと おじいさん。
おいかけて いったら おむすびは
はたけの すみの あなの なか、
すっとんとんと とびこんだ。
のぞいて みたが まっくらで、
みみを あてたら きこえたよ。
おむすび ころりん すっとんとん。
ころころ ころりん すっとんとん。

うえの ぶんを よんで こたえましょう。

(1) おむすびは どう なりましたか。
（**はたけの すみの あなの なかに、とびこんだ。**）

(2) おじいさんは どこを のぞいて みたのですか。
（**はたけの すみの あなの なか**）

(3) おじいさんが みみを あてると なにが きこえましたか。
（**おむすび ころりん すっとんとん。ころころ ころりん すっとんとん。**）

P8

おむすび ころりん(3)　なまえ［　　　］

これは これは おもしろい。
ふたつめ ころんと ころがすと、
きこえる きこえる おなじ うた。
おむすび ころりん すっとんとん。
ころころ ころりん すっとんとん。
おなかが すいてる ことなんか、
わすれて しまった おじいさん。
うたに あわせて おどりだす。
おむすび ころりん すっとんとん。
ころころ ころりん すっとんとん。

うえの ぶんを よんで こたえましょう。

(1) ふたつめの おむすびを ころがすと どう なりましたか。
（**おなじ うたが きこえた。**）

(2) おなかが すいている ことを わすれて おじいさんは どう しましたか。
（**うたに あわせて おどりだした。**）

P9

おむすび ころりん(4)　なまえ［　　　］

とうとう あしを すべらせて、
じぶんも あなへ すっとんとん。
ねずみの おうちに とびこんだ。
おじいさん ころりん すっとんとん。
おむすび たくさん ありがとう。
おいしい ごちそう さあ どうぞ。
ねずみの おどりを みて ください。
おれいに こづちを あげましょう。

うえの ぶんを よんで こたえましょう。

(1) あなは だれの おうち でしたか。
（**ねずみ**）

(2) ねずみは あなの なかで おじいさんに なにを しましたか。4こに ○を しましょう。
（○）おむすびの おれいを いった。
（○）ごちそうを だした。
（　）おふろに はいって くださいと いった。
（　）おれいに おむすびを わたした。
（○）おどりを みて くださいと いった。
（○）おれいに こづちを あげた。

9

P10

おむすび ころりん(5)　なまえ［　　　］

おれいの こづちを てに もって、
おうちに かえって おばあさんと、
おどった おどった すっとんとん。
こづちを ふり ふり すっとんとん。
すると どう した ことだろう。
こづちを ふる たび、
あれ あれ あれ、
しろい おこめが ざあらざら。
きんの こばんが ざっくざく。
それから ふたりは いつまでも
なかよく たのしく くらしたよ。
おむすび ころりん すっとんとん。
ころころ ころりん すっとんとん。

うえの ぶんを よんで こたえましょう。

(1) おじいさんは なにを もって おうちに かえりましたか。
（**こづち**）

(2) おじいさんと おばあさんは なにを しましたか。
（**おどりを おどった。**）

(3) こづちを ふる たびに なにが でて きましたか。2こ かきましょう。
（**しろい おこめ**）
（**きんの こばん**）

(4) ふたりが なかよく たのしく くらせたのは、だれに なにを もらったからですか。
だれに（**ねずみに**）なにを（**こづち**）

10

P11

大きな かぶ(1)　さいごう たけひこ やく　なまえ［　　　］

おじいさんが、かぶの
たねを まきました。
「あまい あまい かぶに なれ。
大きな 大きな かぶに なれ。」
あまい あまい、
大きな 大きな
かぶに なりました。

うえの ぶんを よんで こたえましょう。

(1) おじいさんは なにを まきましたか。
（**かぶの たね**）

(2) おじいさんは どんな かぶに なって ほしいと おもって いますか。2こ かきましょう。
（**あまい あまい かぶ**）
（**大きな 大きな かぶ**）

11

P12

大きな かぶ(2)　さいごう たけひこ やく　なまえ［　　　］

おじいさんは、かぶを
ぬこうと しました。
「うんとこしょ、どっこいしょ。」
けれども、かぶは ぬけません。
おじいさんは、おばあさんを
よんで きました。
かぶを
おじいさんが ひっぱって、
おじいさんを
おばあさんが ひっぱって、
「うんとこしょ、どっこいしょ。」
それでも、かぶは ぬけません。

うえの ぶんを よんで こたえましょう。

(1) おじいさんが おばあさんを よんで きたのは どうして ですか。
（**かぶが ぬけなかったから**）

(2) かぶを ひっぱったのは だれですか。
（**おじいさん**）

(3) おばあさんが ひっぱったのは だれですか。
（**おじいさん**）

P13

大きな かぶ(3)　さいごう たけひこ やく　なまえ［　　　］

おばあさんは、まごを
よんで きました。
かぶを
おじいさんが ひっぱって、
おじいさんを
おばあさんが ひっぱって、
おばあさんを
まごが ひっぱって、
「うんとこしょ、どっこいしょ。」
やっぱり、かぶは ぬけません。

うえの ぶんを よんで こたえましょう。

(1) おばあさんは だれを よんで きましたか。
（**まご**）

(2) おばあさんが ひっぱって いるのは だれですか。
（**おじいさん**）

(3) おばあさんを ひっぱって いるのは だれですか。
（**まご**）

P14

大きな かぶ(4)　さいごう たけひこ やく　なまえ［　　　］

まごは、犬を よんで
きました。
かぶを
おじいさんが ひっぱって、
おじいさんを
おばあさんが ひっぱって、
おばあさんを
まごが ひっぱって、
まごを
犬が ひっぱって、
「うんとこしょ、どっこいしょ。」
まだまだ、かぶは ぬけません。

うえの ぶんを よんで こたえましょう。

(1) まごは だれを よんで きましたか。
（**犬**）

(2) まごは だれを ひっぱって いますか。
（**おばあさん**）

(3) まごは だれに ひっぱられて いますか。
（**犬**）

(4) いちばん うしろで ひっぱって いるのは だれですか。
（**犬**）

※本書にかかれている解答はあくまでも一例です。答えは、文意があっていれば、○をして下さい。
「思ったこと」「考えたこと」などは様々なとらえ方があります。児童の思いをよく聞いて○をつけて下さい。

P15

大きな かぶ(5) さいごう たけひこ やく

なまえ［　　　］

犬は、ねこを よんで きました。
かぶを おじいさんが ひっぱって、
おじいさんを おばあさんが ひっぱって、
おばあさんを まごが ひっぱって、
まごを 犬が ひっぱって、
犬を ねこが ひっぱって、
「うんとこしょ、どっこいしょ。」
なかなか、かぶは ぬけません。

うえの ぶんを よんで こたえましょう。

(1) 犬は だれを よんで きましたか。（ねこ）

(2) 犬は だれを ひっぱって いますか。（まご）

(3) 犬は だれに ひっぱられて いますか。（ねこ）

(4) かぶを ひっぱって いる ひとを ○で あらわしました。①②は だれ ですか。

○○○○○（かぶ）

①（まご）

②（ねこ）

P16

大きな かぶ(6) さいごう たけひこ やく

なまえ［　　　］

ねこは、ねずみを よんで きました。
かぶを おじいさんが ひっぱって、
おじいさんを おばあさんが ひっぱって、
おばあさんを まごが ひっぱって、
まごを 犬が ひっぱって、
犬を ねこが ひっぱって、
ねこを ねずみが ひっぱって、
「うんとこしょ、どっこいしょ。」
とうとう、かぶは ぬけました。

うえの ぶんを よんで こたえましょう。

(1) ねこは だれを よんで きましたか。（ねずみ）

(2) いちばん うしろで ひっぱって いるのは だれですか。（ねずみ）

(3) かぶは どう なりましたか。（ぬけた。）

(4) かぶを ひっぱって いる ひとを ○で あらわしました。おばあさんに あか、ねずみに くろいろを ぬりましょう。

ねずみ→●○○○●○（かぶ）←おばあさん

P17

くじらぐも(1)

なまえ［　　　］

四じかんめの ことです。
一ねん二くみの 子どもたちが たいそうを して いると、空に、大きな くじらが あらわれました。まっしろい くもの くじらです。
「一、二、三、四。」
くじらも、たいそうを はじめました。のびたり ちぢんだり して、しんこきゅうも しました。

うえの ぶんを よんで こたえましょう。

(1) 子どもたちは なにを して いましたか。（たいそう）

(2) 空に あらわれた 大きな くじらと おなじ いみの ことばを かきましょう。（まっしろい くもの くじら）

(3) くじらは なにを はじめましたか。（たいそう）

P18

くじらぐも(2)

なまえ［　　　］

みんなが かけあしで うんどうじょうを まわると、くもの くじらも、空を まわりました。
せんせいが ふえを ふいて、とまれの あいずを すると、くじらも とまりました。

うえの ぶんを よんで こたえましょう。

(1) みんなは なにを して いますか。（かけあしで うんどうじょうを まわっている。）

(2) みんなが うんどうじょうを まわると くじらは どう しましたか。（空を まわった。）

(3) くじらが とまったのは どうしてですか。（せんせいが ふえを ふいて、とまれの あいずを したから。）

P19

くじらぐも(3)

なまえ［　　　］

「まわれ、右。」

せんせいが ごうれいを かけると、くじらも、空で まわれ右を しました。

「あの くじらは、きっと がっこうが すきなんだね。」

みんなは、大きな こえで、

「おうい。」

と よびました。

「おうい。」

と、くじらも こたえました。

うえの ぶんを よんで こたえましょう。

(1) せんせいが ごうれいを かけると、くじらは どう しましたか。（まわれ右を した。）

(2) みんなは くじらの ことを どう おもいましたか。（がっこうが すきなんだね。）

(3) みんなが 大きな こえで「おうい。」と よぶと、くじらは どう しましたか。（「おうい。」と、こたえた。）

P20

くじらぐも(4)

なまえ［　　　］

「ここへ おいでよう。」

みんなが さそうと、

「ここへ おいでよう。」

と、くじらも さそいました。

「よし きた。くもの くじらに とびのろう。」

男の子も、女の子も、はりきりました。

うえの ぶんを よんで こたえましょう。

(1) みんなが さそうと、くじらは どう しましたか。（「ここへ おいでよう。」と さそった。）

(2) みんなは くじらに さそわれて どう おもいましたか。（くもの くじらに とびのろう。）

(3) 男の子も 女の子も はりきって いるのは どうして ですか。（くもの くじらに のれるから。）

P21

くじらぐも(5)

なまえ［　　　］

みんなは、手を つないで、まるい わに なると、

「天まで とどけ、一、二、三。」

と ジャンプしました。でも、とんだのは、やっと 三十センチぐらいです。

「もっと たかく。もっと たかく。」

と、くじらが おうえんしました。

「天まで とどけ、一、二、三。」

こんどは、五十センチぐらい とべました。

「もっと たかく。もっと たかく。」

と、くじらが おうえんしました。

「天まで とどけ、一、二、三。」

うえの ぶんを よんで こたえましょう。

(1) みんなは さいしょの ジャンプで どれくらい とびましたか。（三十センチぐらい）

(2) みんなの ジャンプを みて くじらは どう しましたか。（「もっと たかく。もっと たかく。」と、おうえんした。）

(3) みんなは 二かいめの ジャンプで どれくらい とべましたか。（五十センチぐらい）

P22

くじらぐも(6)

なまえ［　　　］

その ときです。

いきなり、かぜが、みんなを 空へ ふきとばしました。

そして、あっと いう まに、せんせいと 子どもたちは、手を つないだ まま、くもの くじらに のって いました。

うえの ぶんを よんで こたえましょう。

(1) かぜが みんなを どう しましたか。（空へ ふきとばした。）

(2) せんせいと 子どもたちは どう なりましたか。（手を つないだ まま、くもの くじらに のって いた。）

P23

くじらぐも(7)

なまえ［　　　］

①「さあ、およぐぞ。」
くじらは、あおい あおい 空の なかを、げんき いっぱい すすんで いきました。うみの ほうへ、むらの ほうへ、まちの ほうへ。

みんなは、うたを うたいました。

空は、どこまでも どこまでも つづきます。
②「おや、もう おひるだ。」
せんせいが うでどけいを 見て、おどろくと、

「では、かえろう。」

と、くじらは、まわれ右を しました。

うえの ぶんを よんで こたえましょう。

(1) ①——②——は だれが いいましたか。
①（くじら）
②（せんせい）

(2) みんなは なにを しましたか。（うたを うたった。）

(3) せんせいが おどろいたのは なぜですか。（おひるに なったから。）

(4) くじらが まわれ右を したのは どうして ですか。（かえるため。）

※本書にかかれている解答はあくまでも一例です。答えは、文意があっていれば、〇をして下さい。
「思ったこと」「考えたこと」などは様々なとらえ方があります。児童の思いをよく聞いて〇をつけて下さい。

P24

くじらぐも(8)　なまえ［　　　］

しばらく　いくと、がっこうの
やねが、見えて　きました。
くじらぐもは、ジャングルジムの
うえに、みんなを　おろしました。
「さようなら。」
みんなが　手を　ふった　とき、四
じかんめの　おわりの　チャイムが
なりだしました。
「さようなら。」
くもの　くじらは、また、
げんき　よく、あおい　空の
なかへ　かえって　いきました。

うえの　ぶんを　よんで　こたえましょう。

(1) みんなが「さようなら。」と　手を　ふった　とき、なにが　なりだしましたか。

（四じかんめの　おわりの　チャイム）

(2) げんき　よく　あおい　空の　なかへ　かえって　いったのは　だれですか。

（くもの　くじら）

24

P25

たぬきの　糸車(1)　なまえ［　　　］

むかし、ある　山おくに、きこ
りの　ふうふが　すんで　いまし
た。山おくの　一けんやなので、
まいばんのように　たぬきが　や
ってきて、いたずらを　しました。
そこで、きこりは　わ
なを　しかけました。
ある　月の　きれい
な　ばんのこと、おか
みさんは、糸車を　まわして、糸
を　つむいで　いました。
キーカラカラ　キーカラカラ
キークルクル　キークルクル

うえの　ぶんを　よんで　こたえましょう。

(1) 山おくに　すんで　いたのは　だれですか。

（きこりの　ふうふ）

(2) まいばんのように　やってきたのは　だれ(なに)ですか。

（たぬき）

(3) きこりが　わなを　しかけたのは　どうしてですか。

（たぬきが　いたずらを　するから。）

P26

たぬきの　糸車(2)　なまえ［　　　］

ふと　気が　つくと、やぶれし
ょうじの　あなから、二つの　く
りくりした
目玉が、こ
ちらを　のぞいて　いました。
糸車が　キークルクルと　まわ
るに　つれて、二つの　目玉も、
くるりくるりと　まわりました。
そして、月の　あかるい　しょう
じに、糸車を　まわす　まねを
する　たぬきの　かげが　うつり
ました。

うえの　ぶんを　よんで　こたえましょう。

(1) 二つの　くりくりした　目玉は、だれ(なに)の　目玉　ですか。ただしいものに　〇を　しましょう。

（〇）たぬき　（　）おかみさん　（　）きこり

(2) 糸車が　まわると、二つの　目玉は　どうなりましたか。

（くるりくるりと　まわった。）

(3) 月の　あかるい　しょうじに、だれの　どんな　かげが　うつって　いましたか。

だれの（たぬき）

どんな　かげ（糸車を　まわす　まねを　する）

P27

たぬきの　糸車(3)　なまえ［　　　］

おかみさんは、おもわず　ふき
出しそうに　なりましたが、だま
って　糸車を　まわして　いまし
た。
それからと　いう　もの、たぬ
きは、まいばん　まいばん　やっ
て　きて、糸車を　まわす　まね
を　くりかえしました。
「いたずらもんだ
が、かわいいな。」

うえの　ぶんを　よんで　こたえましょう。

(1) 糸車を　まわしている　おかみさんの　ようすで　ただしいほうに　〇を　しましょう。

（　）わらいながら　糸車を　まわして　いました。

（〇）だまって　糸車を　まわして　いました。

(2) たぬきは　まいばん　やってきて　なにを　くりかえしましたか。

（糸車を　まわす　まね）

(3) おかみさんは　たぬきを　どう　おもいましたか。

（「いたずらもんだが、かわいいな。」）

P28

たぬきの　糸車(4)　なまえ［　　　］

ある　ばん、こやの　うらで、
キャーッと　いう　さけびごえが
しました。おかみさんが　こわご
わ　いって　みると、いつもの
たぬきが、わなに
かかって　いました。
「かわいそうに。わなになんか
かかるんじゃ　ないよ。たぬき
じるに　されて　しまうで。」
おかみさんは、そう　いって、た
ぬきを　にがして　やりました。

うえの　ぶんを　よんで　こたえましょう。

(1) キャーッと　いう　さけびごえを　あげたのは　だれ(なに)ですか。

（いつもの　たぬき）

(2) わなに　かかって　いたのは　だれ(なに)ですか。

（いつもの　たぬき）

(3) おかみさんは、わなに　かかった　たぬきを　どうしましたか。

（にがして　やった。）

P29

たぬきの　糸車(5)　なまえ［　　　］

やがて、山の　木の　はが　お
ちて、ふゆが　やって　きました。
ゆきが　ふりはじめると、きこり
の　ふうふは、村へ
下りて　いきました。
はるに　なって、
また、きこりの　ふ
うふは、山おくの
こやに　もどって　きました。
とを　あけた　とき、おかみさ
んは　あっと　おどろきました。
いたの間に、白い　糸の　たば
が、山のように　つんで　あった
のです。そのうえ、ほこりだらけ
の　はずの　糸車には、まきかけ
た　糸まで　かかって　います。

うえの　ぶんを　よんで　こたえましょう。

(1) ゆきが　ふりはじめると、きこりの　ふうふは　どこから　どこへ　下りて　いきましたか。

（山）から（村）へ

(2) こやの　とを　あけた　おかみさんは　どんな　ようすでしたか。

（あっと　おどろいた。）

(3) いたの間に、山のように　つんで　あったものは　なにですか。

（白い　糸の　たば）

(4) ほこりだらけの　はずの　糸車に　かかって　いたものは　なにですか。

（まきかけた　糸）

P30

たぬきの　糸車(6)　なまえ［　　　］

「はあて、ふしぎな。
どう　した　こっちゃ。」
おかみさんは、そう　おもいなが
ら、土間で　ごはんを　たきはじ
めました。すると、
キーカラカラ　キーカラカラ
キークルクル　キークルクル
と、糸車の　まわる　音が、きこ
えて　きました。びっくりして
ふりむくと、いたどの
かげから、ちゃいろの
しっぽが　ちらりと
見えました。

うえの　ぶんを　よんで　こたえましょう。

(1) おかみさんは「ふしぎな。」と　おもいながら、なにを　しましたか。

（土間で　ごはんを　たき　はじめた。）

(2) おかみさんが　びっくりして　ふりむいたのは　どうしてですか。

（糸車の　まわる　音が、きこえて　きたから。）

(3) いたどの　かげから　見えた　ものは　なにですか。

（ちゃいろの　しっぽ）

P31

たぬきの　糸車(7)　なまえ［　　　］

そっと　のぞくと、いつかの
たぬきが、じょうずな　手つきで、
糸を　つむいで　いるのでした。
たぬきは、つむぎおわると、こん
どは、いつも　おかみさんが　し
て　いた　とおりに、たばねて
わきに　つみかさねました。
たぬきは、ふい
に、おかみさんが
のぞいて　いるの
に　気が　つきました。
たぬきは、ぴょこんと
そとに　とび下りました。そして、
①うれしくて　たまらないと　いう
ように、ぴょんぴょこ　おどりな
がら　かえって　いきましたとさ。

うえの　ぶんを　よんで　こたえましょう。

(1) たぬきは　なにを　して　いましたか。二つ　かきましょう。

（糸を　つむいで　いた。）

（(糸を) たばねて　わきに　つみかさねた。）

(2) たぬきは　なにに　気が　つきましたか。

（おかみさんが　のぞいて　いること。）

(3) ①うれしくて　たまらないと　いうように、ぴょんぴょこ　おどりながら　かえって　いきましたとさ。と　かいて　ありますが、たぬきは　なにが　うれしくて　たまらなかったのでしょう。

（おかみさんに　糸を　つむいで　いるところを　みて　もらえたこと。）

31

P32

おおきな　かぶ(1)　うちだ　りさこ　やく　なまえ［　　　］

おじいさんが、かぶの　たねを
まきました。
「あまい　あまい　かぶに　なれ。
おおきな　おおきな　かぶに
なれ。」
あまい、げんきの　よい、
とてつもなく　おおきい　かぶが
できました。

うえの　ぶんを　よんで　こたえましょう。

(1) おじいさんは　なにを　まきましたか。

（かぶの　たね）

(2) おじいさんは　どんな　かぶに　なってほしいと　おもいましたか。2こ　かきましょう。

（あまい　あまい　かぶ）

（おおきな　おおきな　かぶ）

(3) あまい、げんきの　よい、どんな　かぶが　できましたか。

（とてつもなく　おおきい　かぶ）

32

※本書にかかれている解答はあくまでも一例です。答えは、文意があっていれば、○をして下さい。
「思ったこと」「考えたこと」などは様々なとらえ方があります。児童の思いをよく聞いて○をつけて下さい。

P33

おおきな かぶ(2)
うちだ りさこ やく

なまえ［　　］

おじいさんは、かぶを ぬこうと しました。

「うんとこしょ、どっこいしょ。」

ところが、かぶは ぬけません。

おじいさんは、おばあさんを よんで きました。

おばあさんが おじいさんを ひっぱって、
おじいさんが かぶを ひっぱって、

「うんとこしょ、どっこいしょ。」

それでも、かぶは ぬけません。

東京書籍 新編 あたらしいこくご一年(上) ロシア民話 うちだ りさこ 訳

うえの ぶんを よんで こたえましょう。

(1) おじいさん ひとりで かぶは ぬけましたか。
（**ぬけなかった。**）

(2) おじいさんは だれを よんで きましたか。
（**おばあさん**）

(3) おばあさんは だれを ひっぱって いますか。
（**おじいさん**）

(4) おじいさんと おばあさん ふたりで かぶは ぬけましたか。
（**ぬけなかった。**）

P34

おおきな かぶ(3)
うちだ りさこ やく

なまえ［　　］

おばあさんは、まごを よんで きました。
まごが おばあさんを ひっぱって、
おばあさんが おじいさんを ひっぱって、
おじいさんが かぶを ひっぱって、
「うんとこしょ、どっこいしょ。」
まだ まだ、かぶは ぬけません。

東京書籍 新編 あたらしいこくご一年(上) ロシア民話 うちだ りさこ 訳

うえの ぶんを よんで こたえましょう。

(1) おばあさんは だれを よんで きましたか。
（**まご**）

(2) なん人で かぶを ぬこうと して いますか。
（**三人**）

(3) まごは だれを ひっぱって いますか。
（**おばあさん**）

(4) かぶは ぬけましたか。
（**ぬけなかった。**）

P35

おおきな かぶ(4)
うちだ りさこ やく

なまえ［　　］

まごは、いぬを よんで きました。
いぬが まごを ひっぱって、
まごが おばあさんを ひっぱって、
おばあさんが おじいさんを ひっぱって、
おじいさんが かぶを ひっぱって、
「うんとこしょ、どっこいしょ。」
まだ まだ、まだ まだ、ぬけません。

東京書籍 新編 あたらしいこくご一年(上) ロシア民話 うちだ りさこ 訳

うえの ぶんを よんで こたえましょう。

(1) まごは だれを よんで きましたか。
（**いぬ**）

(2) まごを ひっぱって いるのは だれですか。
（**いぬ**）

(3) おばあさんは だれを ひっぱって いますか。
（**おじいさん**）

(4) かぶは どう なりましたか。
（**ぬけなかった。**）

P36

おおきな かぶ(5)
うちだ りさこ やく

なまえ［　　］

いぬは、ねこを よんで きました。
ねこが いぬを ひっぱって、
いぬが まごを ひっぱって、
まごが おばあさんを ひっぱって、
おばあさんが おじいさんを ひっぱって、
おじいさんが かぶを ひっぱって、
「うんとこしょ、どっこいしょ。」
それでも、かぶは ぬけません。

東京書籍 新編 あたらしいこくご一年(上) ロシア民話 うちだ りさこ 訳

うえの ぶんを よんで こたえましょう。

(1) いぬは だれを よんで きましたか。
（**ねこ**）

(2) ねこが ひっぱって いるのは だれですか。
（**いぬ**）

(3) 「うんとこしょ、どっこいしょ。」と いったのは だれですか。
（**おじいさん**）（**おばあさん**）

（**まご**）（**いぬ**）

（**ねこ**）

(4) かぶは どう なりましたか。
（**ぬけなかった。**）

P37

おおきな かぶ(6)
うちだ りさこ やく

なまえ［　　］

ねこは、ねずみを よんで きました。
ねずみが ねこを ひっぱって、
ねこが いぬを ひっぱって、
いぬが まごを ひっぱって、
まごが おばあさんを ひっぱって、
おばあさんが おじいさんを ひっぱって、
おじいさんが かぶを ひっぱって、
「うんとこしょ、どっこいしょ。」
やっと、かぶは ぬけました。

東京書籍 新編 あたらしいこくご一年(上) ロシア民話 うちだ りさこ 訳

うえの ぶんを よんで こたえましょう。

(1) ねこは だれを よんで きましたか。
（**ねずみ**）

(2) ねずみが ひっぱって いるのは だれですか。
（**ねこ**）

(3) かぶは どう なりましたか。
（**やっと、ぬけた。**）

(4) かぶを ひっぱって いる ひとや どうぶつは なんにんと なんびきですか。
（**三**）にんと（**三**）びき

P38

サラダで げんき(1)

なまえ［　　］

りっちゃんは、おかあさんが びょうきなので、なにか いい ことを して あげたいと おもいました。

「かたを たたいて あげようかな。なぞなぞごっこを して あげようかな。くすぐって、わらわせて あげようかな。でも、もっと もっと いい ことは ないかしら。おかあさんが、たちまち げんきに なって しまうような こと。」

東京書籍 新編 あたらしいこくご一年(下) かどの えいこ

うえの ぶんを よんで こたえましょう。

(1) だれが びょうきに なりましたか。
（**おかあさん**）

(2) りっちゃんが おかあさんに して あげたいと おもった いい ことを 三つ かきましょう。
（**かたを たたいて あげようかな。**）

（**なぞなぞごっこを して あげようかな。**）

（**くすぐって、わらわせて あげようかな。**）

(3) りっちゃんは もっと もっと いい ことを して、おかあさんに どうなって ほしいと おもって いますか。
（**たちまち(すぐに) げんきに なって ほしい。**）

38

P39

サラダで げんき(2)

なまえ［　　］

りっちゃんは、いっしょうけんめい かんがえました。

「あっ、そうだわ。おいしい サラダを つくって あげよう。げんきに なる サラダを つくって あげよう。」

りっちゃんは、れいぞうこを あけて 中を のぞきました。

りっちゃんは、サラダを つくりはじめました。きゅうりを トントン トン、キャベツは シャ シャ シャキ、トマトも ストン トン トンと きって、おおきな おさらに のせました。

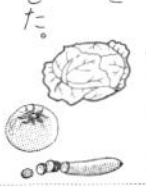

東京書籍 新編あたらしいこくご一年(下) かどの えいこ

うえの ぶんを よんで こたえましょう。

(1) りっちゃんは なにを つくろうと おもいましたか。
（**おいしい サラダ げんきに なる サラダ**）

(2) りっちゃんが れいぞうこを あけて 中を のぞいたのは どうして ですか。
（**サラダを つくるため。(サラダの ざいりょうを さがすため。)**）

(3) りっちゃんが おおきな おさらに のせたものを 三つ かきましょう。
（**きゅうり**）（**キャベツ**）
（**トマト**）

P40

サラダで げんき(3)

なまえ［　　］

すると、のらねこが、のっそり 入って きて いいました。

「サラダに かつおぶしを 入れると いいですよ。すぐに げんきに なりますよ。木のぼり だって じょうずに なりますよ。ねこみたいにね。」

「おしえて くれて ありがとう。」

りっちゃんは、さっそく かつおぶしを サラダに かけました。

東京書籍 新編あたらしいこくご一年(下) かどの えいこ

うえの ぶんを よんで こたえましょう。

(1) のらねこは サラダに なにを 入れると いいと いいましたか。
（**かつおぶし**）

(2) のらねこは、じぶんの いったものを 入れると どうなると いいましたか。二つ かきましょう。
（**すぐに げんきに なる。**）

（**木のぼり だって じょうずに なる。**）

(3) りっちゃんは さっそく どう しましたか。
（**かつおぶしを サラダに かけた。**）

P41

サラダで げんき(4)

なまえ［　　］

そこへ、となりの 犬が とびこんで きました。

「なんと いっても、ハムサラダが いちばんさ。これを たべると、ほっぺたが たちまち ももいろに ひかりだす。ハムみたいにね。」

「おしえて くれて ありがとう。」

りっちゃんは、おおいそぎで サラダに ハムを 入れました。

東京書籍 新編あたらしいこくご一年(下) かどの えいこ

うえの ぶんを よんで こたえましょう。

(1) となりの 犬は、なにが いちばんと いいましたか。
（**ハムサラダ**）

(2) となりの 犬は、じぶんが いった ものを たべると どうなると いいましたか。
（**ほっぺたが たちまち ももいろに ひかりだす。**）

(3) りっちゃんは どう しましたか。
（**おおいそぎで サラダに ハムを 入れた。**）

※本書にかかれている解答はあくまでも一例です。答えは、文意があっていれば、○をして下さい。
「思ったこと」「考えたこと」などは様々なとらえ方があります。児童の思いをよく聞いて○をつけて下さい。

P42

サラダで げんき(5)　なまえ［　　　　］

まどに すずめが とんで きて いいました。
「チュッ、チュッ。とうもろこし 入れなきゃ、げんきに なれない。うたも じょうずに なれない。チュッ、チュッ。チュピ、チュピ、チュ。」
「まあ、ありがとう。チュピ、チュピ、チュ。」
りっちゃんは、サラダに ゆでた とうもろこしを 入れました。

（東京書籍 新編あたらしいこくご一年(下) かどの えいこ）

うえの ぶんを よんで こたえましょう。
(1) すずめは、サラダに なにを 入れると いいと いいましたか。
（とうもろこし）
(2) すずめが いったものを 入れないと どうなると いいましたか。二つ かきましょう。
（げんきに なれない。）

（うたも じょうずに なれない。）
(3) りっちゃんは サラダに なにを 入れましたか。
（ゆでた とうもろこし）

P43

サラダで げんき(6)　なまえ［　　　　］

あしもとで、こそこそと、ちいさな 音が しました。

「あら、だれかしら。」

「ぼく、ぼくですよ。」

ありが ずらりと ならんで いました。

「サラダには おさとうを ちょっぴり。これが こつ。おかげて、ありは いつも はたらきものさ。」

「まあ、おしえて くれて ありがとう。じゃ、ちょっとだけ。」


（東京書籍 新編あたらしいこくご一年(下) かどの えいこ）

うえの ぶんを よんで こたえましょう。
(1) あしもとで、こそこそと、ちいさな 音を させたのは だれですか。
（あり）
(2) ありは、なにの おかげで いつも はたらきもの なのですか。
（おさとう（サラダに いれた おさとう））
(3) りっちゃんは、サラダに なにを どれくらい 入れましたか。
（さとうを ちょっとだけ 入れた。）

P44

サラダで げんき(7)　なまえ［　　　　］

こんどは、おまわりさんを のせた うまが やってきました。

「なんと いっても、サラダには にんじん。おかげて、かけっこは いつも 一とうしょう。」

「まあ、ありがとう。」

（東京書籍 新編あたらしいこくご一年(下) かどの えいこ）

うえの ぶんを よんで こたえましょう。
(1) うまは サラダに なにを 入れると いいと いいましたか。
（にんじん）
(2) うまは にんじんを 入れた サラダの おかげで どうなって いると いいましたか。
（かけっこは いつも 一とうしょう。）
(3) りっちゃんは どうしたと おもいますか。
（サラダに にんじんを 入れた。）

P45

サラダで げんき(8)　なまえ［　　　　］

その とき、

「でんぽうです。」

と、こえが して、でんぽうが とどきました。

「サラダには うみの こんぶ 入れろ、かぜ ひかぬ、いつも げんき。ほっきょくかい 白くまより。」

りっちゃんは、こえを 出して でんぽうを よむと、こんぶを きって、サラダに 入れました。


（東京書籍 新編あたらしいこくご一年(下) かどの えいこ）

うえの ぶんを よんで こたえましょう。
(1) でんぽうは だれから きましたか。
（白くま）
(2) でんぽうは どこから きましたか。
（ほっきょくかい）
(3) でんぽうには サラダに なにを 入れろと かいて ありましたか。
（うみの こんぶ）
(4) でんぽうを よんで、りっちゃんは どう しましたか。
（こんぶを きって、サラダに 入れた。）

P46

サラダで げんき(9)　なまえ［　　　　］

「さあ、これで できあがり。」

「おかあさん、サラダが できましたよ。いっしょに いただきましょう。」

りっちゃんは、おおきな こえで いいました。

とつぜん、キューン、ゴー ゴー、キューと いう 音が して、ひこうきが とまると、アフリカぞうが せかせかと おりて きました。

「まにあって よかった よかった。ひとつ おてつだいしましょう。」

「ありがとう。でも、もう できあがったの。」

りっちゃんは いいました。


（東京書籍 新編あたらしいこくご一年(下) かどの えいこ）

うえの ぶんを よんで こたえましょう。
(1) ひこうきに のって やってきたのは だれですか。
（アフリカぞう）
(2) アフリカぞうは なにに まにあって よかったと いって いるのでしょう。
（サラダを つくるのに まにあって よかった。）
(3) アフリカぞうは なにを しようと いいましたか。
（おてつだい）

P47

サラダで げんき(10)　なまえ［　　　　］

「いや いや、これからが ぼくの ①しごと。」

アフリカぞうは、サラダに あぶらと しおと すを かけると、スプーンを はなで にぎって、力づよく ②くりん くりんと まぜました。

「おかあさん、さあ、いっしょに サラダを いただきましょ。」

と、りっちゃんは いいました。

りっちゃんの おかあさんは、サラダを たべて、たちまち げんきに なりました。

（東京書籍 新編あたらしいこくご一年(下) かどの えいこ）

うえの ぶんを よんで こたえましょう。
(1) ①しごとと かいてありますが、アフリカぞうは どんな しごとを しましたか。
（サラダに あぶらと しおと すを かけると、スプーンを はなで にぎって、力づよく くりん くりんと まぜた。）
(2) ②くりん くりんは アフリカぞうが なにを している ようす ですか。（ ）に ○を つけましょう。
（ ）スプーンを はなで にぎって いる ようす。

（○）サラダを 力づよく まぜて いる ようす。
(3) サラダを たべて、りっちゃんの おかあさんは どう なりましたか。
（たちまち げんきに なった。）

47

P48

おとうとねずみ チロ(1)　なまえ［　　　　］

ある 日、三びきの ねずみの きょうだいの ところへ、おばあちゃんから 手がみが とどきました。
それには、こんな ことが かいて ありました。

> あたらしい けいとで、①おまえたちの チョッキを あんで います。けいとの いろは、赤と 青です。もう すぐ あみあがります。たのしみに まって いて ください。

（東京書籍 新編あたらしいこくご一年(下) もりやま みやこ）

うえの ぶんを よんで こたえましょう。
(1) だれから 手がみが とどきましたか。
（おばあちゃん）
(2) おばあちゃんは なにで なにを あんで いますか。
なにで（けいと）
なにを（チョッキ）
(3) ①の「おまえたち」とは だれの ことですか。
（三びきの ねずみの きょうだい）

P49

おとうとねずみ チロ(2)　なまえ［　　　　］

さあ、三びきは 大よろこび。

「ぼくは 赤が いいな。」

にいさんねずみが いいました。

「わたしは 青が すき。」

ねえさんねずみが いいました。

「ぼくは 赤と 青。」

おとうとねずみが いいました。
①「チロのは ないよ。」
にいさんねずみが いいました。
チロと いうのは、おとうとねずみの 名まえです。
「そうよ。青いのと 赤いのだけよ。」
ねえさんねずみが いいました。

（東京書籍 新編あたらしいこくご一年(下) もりやま みやこ）

うえの ぶんを よんで こたえましょう。
(1) にいさんねずみ、ねえさんねずみ、おとうとねずみは なにいろが いいと いいましたか。
にいさんねずみ（赤）
ねえさんねずみ（青）
おとうとねずみ（赤と 青）
(2) おとうとねずみは なんという 名まえですか。
（チロ）
(3) ①のあと、ねえさんねずみは なんと いいましたか。
（「そうよ。青いのと 赤いのだけよ。」）

P50

おとうとねずみ チロ(3)　なまえ［　　　　］

「そんな こと ないよ。ぼくのも あるよ。」

チロは、あわてて いいかえしましたが、ほんとうは、とても しんぱいでした。

もしかすると、おばあちゃんは、いちばん 小さい チロの ことを わすれて しまったのかもしれません。

「そうだったら、どう しよう。」

にいさんねずみや ねえさんねずみと ちがって、チロは、まだ 字が かけません。

だから、手がみで おばあちゃんに たのむ ことも できないのです。

（東京書籍 新編あたらしいこくご一年(下) もりやま みやこ）

うえの ぶんを よんで こたえましょう。
(1) チロが あわてて いいかえした ことばを かきましょう。
（「そんな こと ないよ。ぼくのも あるよ。」）
(2) チロが とても しんぱいしたのは どうしてですか。
（おばあちゃんは、いちばん 小さい チロの ことを わすれて しまったのかも しれないから。）
(3) チロが おばあちゃんに 手がみで たのむことが できないのは どうしてですか。
（まだ 字が かけないから。）

P51

おとうとねずみ チロ(4) なまえ［　　］

「そうだ、いい こと
かんがえた。」
チロは、そとへ と
び出して いきました。
どんどん どんどん
はしって いって、おか
の 上まで のぼりました。
おかの てっぺんの 木に た
つと、たにを はさんで、たかい
山が みえました。
おばあちゃんの うちは、あの
山の ずっと むこうがわに あ
ります。

うえの ぶんを よんで こたえましょう。

(1) チロは はしって どこへ いきましたか。
（おかの 上）

(2) チロは どこに たちましたか。
（おかの てっぺんの 木）

(3) おばあちゃんの うちは どこに ありますか。
（あの（たかい）山の ずっと むこうがわ）

P52

おとうとねずみ チロ(5) なまえ［　　］

「おばあちゃん……。」
チロは、ひとこえ よびました。
すると、まあ、どうした こと
でしょう。
①「おばあちゃん、おばあちゃ
ん、おばあちゃん……。」
チロの こえは、
くりかえし ひびきながら、だん
だん だんだん とおく なって
いくでは ありませんか。
「ぼくの こえが とんでった。
おばあちゃんちへ とんでった。」

うえの ぶんを よんで こたえましょう。

(1) ①で「おばあちゃん」の じの 大きさが ちがっているのは どうしてでしょう。
（だんだん こえが ちいさく なって いって いるから。）

(2) 「おばあちゃん」と ひとこえ よんだ チロの こえは どうなりましたか。
（くりかえし ひびきながら、だんだん だんだん とおく なって いった。）

(3) チロは じぶんの こえが どうなったと おもいましたか。
（ぼくの こえが とんでった。おばあちゃんちへ とんでった。）

P53

おとうとねずみ チロ(6) なまえ［　　］

チロは、うれしがって とびは
ねると、まえよりも こえを は
り上げて いいました。
「ぼくは、チロだよう。」
すると、こんども チ
ロの こえは、くりかえ
しながら だんだん ほそく、小
さく なって いきました。
チロは、大きく 口を あけ、
いちばん だいじな ことを い
いました。
「ぼくにも チョッキ、あんでね。」
チロは、「あんでね。」が きえ
て しまうまで、じっと 耳を
すまして いました。

うえの ぶんを よんで こたえましょう。

(1) 「ぼくは、チロだよう。」という こえは どうなって いきましたか。
（くりかえしながら だんだん ほそく、小さく なって いった。）

(2) チロの いった いちばん だいじな ことばを かきましょう。
（ぼくにも チョッキ、あんでね。）

(3) チロは、「あんでね。」が きえて しまうまで、どうして いましたか。
（じっと 耳を すまして いた。）

P54

おとうとねずみ チロ(7) なまえ［　　］

なん日か たって、おばあちゃん
から 小づつみが とどきました。
中には、けいとの チョッキが、
三まい 入って いました。
いちばん 大きいのが、赤。つぎ
が、青。小さいのは、赤と 青の
よこじまでした。
「あ、しましまだ。だあいすき。」
チロは、さっそく
チョッキを きると、
おかの てっぺんへ
かけのぼりました。

うえの ぶんを よんで こたえましょう。

(1) おばあちゃんからの 小づつみには なにが 入っていましたか。
（けいとの チョッキが、三まい）

(2) チロの チョッキは どんな チョッキでしたか。
（赤と 青の よこじま）

(3) チョッキを きた チロは どうしましたか。
（おかの てっぺんへ かけのぼった。）

P55

おとうとねずみ チロ(8) なまえ［　　］

「おばあちゃん、ぼくは チロ
だよう。しましまの チョッキ、
ありがとう。」
チロは 大ごえで さけびまし
た。そして、「ありがとう。」が
きえるのを まって、もう 一ど、
こんどは ゆっくり いいました。
「あ、り、が、と、う。」

うえの ぶんを よんで こたえましょう。

(1) チロの チョッキは どんな チョッキですか。
（しましまの チョッキ）

(2) チロは 大ごえで なんと さけんだのでしょう。
（「おばあちゃん、ぼくは チロだよう。しましまの チョッキ、ありがとう。」）

(3) 二かいめの「ありがとう。」は どんなふうに いいましたか。
（ゆっくり いった。（「あ、り、が、と、う。」といった。））

(4) チロは なぜ「ありがとう。」を 二かい いったのでしょう。
（おばあちゃんに おれいの きもちを きちんと つたえたかったから。）

P56

けんかした 山(1) なまえ［　　］

たかい 山が、ならんで
たって いました。
いつも せいくらべを
しては、けんかばかり
して いました。
「けんかを やめろ。」
お日さまが いいました。
お月さまも いいました。
「おやめなさい。
そうで ないと、
もりの どうぶつたちは、
あんしんして ねて
いられないから。」
それでも、どちらの 山も
いう ことを ききません。

うえの ぶんを よんで こたえましょう。

(1) どんな 山が ならんで いましたか。
（たかい 山）

(2) 「けんかを やめろ。」と いったのは だれですか。
（お日さま）

(3) 山たちに けんかを やめて ほしいのは なぜですか。
（もりの どうぶつたちが、あんしんして ねて いられないから。）

(4) 山たちは けんかを やめましたか。
（やめなかった）

P57

けんかした 山(2) なまえ［　　］

ある 日の ことでした。
とうとう、りょうほうの 山が、
まけずに どっと 火を
ふきだしました。
たくさんの みどりの 木が、
あっと いう まに、火に
つつまれました。

うえの ぶんを よんで こたえましょう。

(1) 山は いくつ あったのでしょう。
（二つ）

(2) りょうほうの 山は なにを しましたか。
（火を ふきだした。）

(3) みどりの 木は どう なりましたか。
（あっと いう まに、火に つつまれた。）

P58

けんかした 山(3) なまえ［　　］

ことりたちが、くちぐちに
いいました。
「お日さま。はやく
くもを よんで、
あめを ふらせて ください。
わたしたちも よびに
いきますから。」

うえの ぶんを よんで こたえましょう。

(1) ことりたちは お日さまに なにを よんで ほしいと いいましたか。
（くも）

(2) ことりたちは くもに なにを して もらいたいのでしょう。
（あめを ふらせて ほしい。）

(3) わたしたちとは だれの ことですか。
（ことりたち）

(4) わたしたちも なにを よびに いくのですか。
（くも）

P59

けんかした 山(4) なまえ［　　］

お日さまは、くもを
よびました。
くろい くもが、
わっさ わっさと あつまって、
どんどん あめを
ふらせました。
火の きえた 山は、
しょんぼりと かおを
みあわせました。

うえの ぶんを よんで こたえましょう。

(1) お日さまは なにを よびましたか。
（くも）

(2) くろい くもは なにを しましたか。
（どんどん あめを ふらせた。）

(3) 火の きえた 山は どう しましたか。
（しょんぼりと かおを みあわせた。）

P60

けんかした 山(5)　なまえ［　　　］

一ねん、二ねん、三ねん たちました。

なんねんも なんねんも たちました。

山は、すっかり みどりに つつまれました。

うえの ぶんを よんで こたえましょう。

(1) 山が すっかり みどりに つつまれるのに どれくらい かかりましたか。
（なんねんも なんねんも かかった。）

(2) 山が みどりに つつまれたのは なぜですか。（ ）に 一つ ○を しましょう。
（○）なんねんも たって 山に また たくさんの 木が はえたから。

（ ）なんねんも たって 山の 木が もえて しまったから。

（ ）なんねんも たって 山に すこしだけ 木が はえたから。

P61

うみへの ながい たび(1)　なまえ［　　　］

1

白くまの きょうだいだ。
ふゆの あいだじゅう、生まれてから ずっと すごして きた あなの 中と くらべて、ここは なんと あかるい ことか。二人の あたまの うえには、ぬける ような 青い はるの 空が ひろがっている。
見わたす かぎり ひろがる ゆきのはらの 白さが、まぶしすぎる。
それでも 二人は、目を まんまるに 見ひらいて、はじめての そとの せかいを ながめて いる。いくら ながめて いても、あきないぞ……。

うえの ぶんを よんで こたえましょう。

(1) 白くまの きょうだいは ふゆの あいだじゅう どこで すごして きましたか。
（あなの 中）

(2) 二人の あたまの うえには、なにが ひろがっていますか。
（ぬけるような 青い はるの 空）

(3) 二人が いくら ながめていても あきないのは どうしてですか。
（はじめて そとの せかいを ながめて いるから。）

P62

うみへの ながい たび(2)　なまえ［　　　］

2

二人とも、生まれた ときは りすくらいの 大きさだった。

それが、かあさんの ミルクを まい日 たっぷり のんだから、ぐんぐん そだち、いまじゃ これ このとおり。

（二人が 生まれてから、もう 百日は たつね。そろそろ でかけないと……。）

と、かあさんぐまは かんがえている。

おいしい あざらしが どっさり いる うみに むかって でかけるのだ。それは、きたに むかう ながい たびに なる。

うえの ぶんを よんで こたえましょう。

(1) 二人が 生まれたときの 大きさは どれくらいでしたか。
（りすくらい）

(2) ぐんぐん そだった 二人を みて、かあさんぐまは どんなことを かんがえていますか。
（（二人が 生まれてから、もう 百日は たつね。そろそろ でかけないと……。））

(3) かあさんぐまは、どこへ むかって でかけようと していますか。
（おいしい あざらしが どっさり いる うみ。）

P63

うみへの ながい たび(3)　なまえ［　　　］

3

（うみは どっちだったかしら。）
百日ちかくも あるいて ここに やって きて、ふかい あなを ほった。二人を うんだ。二人を そだてた。水しか のめなかった かあさんぐまは、そろそろ うみへ もどらないと、からだが もたなく なる。
ゆきの うえに うずくまり、かあさんぐまは じっと 耳を すまし、目を とじる。
うみからの かぜの 音でも ききとろうと して いるように。
うみからの かすかな かおりでも かぎとろうと して いるように。

うえの ぶんを よんで こたえましょう。

(1) かあさんぐまが うみへ もどらないと いけないのは なぜですか。
（からだが もたなく なるから。）

(2) ゆきの うえに うずくまって、かあさんぐまは どうしていますか。
（じっと 耳を すまし、目を とじている。）

(3) かあさんぐまは なにを しようと しているのですか。二つ かきましょう。
（うみからの かぜの 音でも ききとろうと して いる。）

（うみからの かすかな かおりでも かぎとろうと して いる。）

P64

うみへの ながい たび(4)　なまえ［　　　］

4

そして ある 日、かあさんぐまは 二人を つれて たびだった。

ゆきのはらを、こまかな ゆきが とぶ 中を まっすぐに あるく。うみだと おもって いる ほうに むかって、ただ ただ まっすぐに あるく。

「おくれちゃ だめ。しっかり ついて くるの。」

かあさんぐまは、きょうだいを はげましながら あるきつづける。

うえの ぶんを よんで こたえましょう。

(1) ゆきのはらには なにが とんでいますか。
（こまかな ゆき）

(2) どこに むかって あるいて いますか。
（うみだと おもって いる ほう）

(3) かあさんぐまが きょうだいを はげましている ことばを かきましょう。
（「おくれちゃ だめ。しっかり ついて くるの。」）

P65

うみへの ながい たび(5)　なまえ［　　　］

5

ふいに、でっかい おすぐまが すがたを あらわした。それでも かあさんぐまは、おもいきって、その まんまえに 立ちふさがる。

「なにか ようかい、え？」

「うんにゃ。ううふ……。」

かわいい こぐまと めすぐまを 見かけて、ちょいと いたずらしたく なって いた。それが、ははぐまの あんまり すごい いきおいに、たじたじと なって しまった。

「なら、さっさと おゆきよ。さあ。」

うえの ぶんを よんで こたえましょう。

(1) ふいに すがたを あらわしたのは なにですか。
（でっかい おすぐま）

(2) ふいに すがたを あらわしたものに、かあさんぐまは どうしましたか。
（おもいきって、その まんまえに 立ちふさがる。）

(3) ふいに すがたを あらわしたのは、なにが したかったのですか。
（ちょいと いたずら したかった。）

P66

うみへの ながい たび(6)　なまえ［　　　］

6

かあさんぐまの おもいは、まちがって いなかった。なつかしい なみの 音。しおかぜの におい。

うみだ。うみに もどって きたのだ。

「ここが うみだよ。おまえたちが これから くらす ところ。しっかり およぎを おぼえるんだ。それから、えさとりもね。」

きょうだいは、生まれて はじめて 見る うみの ひろさに 目を みはった。それから、そろって 大きく うなずいた。

「うん。」

うえの ぶんを よんで こたえましょう。

(1) うみは、きょうだいが これから どうする ところですか。
（（これから） くらす ところ）

(2) これから きょうだいが おぼえないと いけないことを 二つ かきましょう。
（およぎ）

（えさとり）

(3) きょうだいが 目を みはったのは どうしてですか。
（生まれて はじめて ひろい うみを 見たから。）

P67

うみへの ながい たび(7)　なまえ［　　　］

7

それから、二年は んばかりが すぎる。
きょうだいは、青い 大きな うみを あいてに、すくすく そだった。
えさとりも うまく なり、おいしい あざらしも たっぷり とって、もう 一人まえだ。
よく ねむり、おきると 二人て ふざけあい、うみへ はいって しっかり およぎ、よく たべては 日なたぼっこも ゆっくりと。
このように して、なん百 なん千もの 白くまの おやこが、きたの うみて、きょうも くらして いる……。

うえの ぶんを よんで こたえましょう。

(1) きょうだいが きたの うみに ついてから、どれくらい たちましたか。
（二年はん）

(2) きょうだいが もう一人まえだと いえるのは どうしてですか。
（えさとりも うまく なって、おいしい あざらしも たっぷり とれるように なったから。）

(3) きたの うみでは、どれくらいの 白くまの おやこが くらして いますか。
（なん百 なん千）

P68

たぬきの じてんしゃ(1)　なまえ［　　　］

たぬきの こどもは、ながい あいだの ゆめが かなって、あかい じてんしゃを かって もらいました。

ところが、じぶんで じぶんの しっぽを ひきそうに なりました。

「そうだ。こう して しっぽを くわえて のれば、あんぜんだ。」

たぬきは、しっぽを くわえて はしりました。

うえの ぶんを よんで こたえましょう。

(1) たぬきの こどもは、どんな じてんしゃを かって もらいましたか。
（あかい じてんしゃ）

(2) たぬきは こどもは、なぜ しっぽを くわえて はしったのですか。
例（じてんしゃで じぶんの しっぽを ひかないため。）

68

※本書にかかれている解答はあくまでも一例です。答えは、文意があっていれば、○をして下さい。
「思ったこと」「考えたこと」などは様々なとらえ方があります。児童の思いをよく聞いて○をつけて下さい。

P69

たぬきの じてんしゃ(2)　なまえ［　　　］

「やあい、たぬきの くいしんぼ。じぶんの しっぽを たべてるぞ。」
きの うえから、からすが からかいました。

「ちがうったら。」
たぬきは、うっかり しゃべって しまいました。
くちから はなれた しっぽは、だらりと さがって、しゃりんに ぎゅっと、ひかれて しまいました。

うえの ぶんを よんで こたえましょう。

(1) からかわれた たぬきが、からすに いいかえした ことばを かきましょう。
（「ちがうったら。」）

(2) しっぽは なぜ たぬきの くちから はなれたのですか。
（うっかり しゃべって しまったから。）

(3) くちから はなれた しっぽは、どう なりましたか。
（だらりと さがって、しゃりんに ぎゅっと、ひかれて しまった。）

69

P70

たぬきの じてんしゃ(3)　なまえ［　　　］

「いたたたっ。」

たぬきの こどもは、ひめいを あげて しまいました。

それからは、じてんしゃに のる ときには、しっぽを ひもで せなかに しっかり おんぶして、はしる ことに しましたとさ。

うえの ぶんを よんで こたえましょう。

(1) たぬきの こどもは、どんな ひめいを あげて しまいましたか。
（「いたたたっ。」）

(2) それから、たぬきの こどもは、どんなふうに じてんしゃに のることに しましたか。
（しっぽを ひもで せなかに しっかり おんぶして、はしる ことに した。）

70

P71

天に のぼった おけや(1)　なまえ［　　　］

むかし、ある ところに、のんきものの おけやが すんで いた。ある 日、
トーンカッカ
トーンカッカ
たけの わを はめて いると、どう した ことか たけが はじけて、おけやは ぼうんと くもの 上まで とばされて しまった。
「れ、まあ。ここは どこやろ。」

うえの ぶんを よんで こたえましょう。

(1) おけやは どんな 人 でしたか。
（のんきもの）

(2) おけやは なにを して いましたか。
（たけの わを はめて いた。）

(3) トーンカッカは なんの おとですか。
（たけの わを はめる おと）

(4) たけが はじけて、おけやは どう なりましたか。
（ぼうんと くもの 上まで とばされて しまった。）

P72

天に のぼった おけや(2)　なまえ［　　　］

ふと みると、そばに たいこだの かがみだのを もった かみなりが いる。

「よう きた。これから しばらくぶりで 雨 ふらしに いく とこやけど、人が たらんで こまってたのや。ちょっとばかり てつだえ。なに、むつかしい ことや ない。①わしが たいこ たたいたら、②おまえは この 水ぶくろから、雨の たねを ちくちく まくだけで ええのや。」

うえの ぶんを よんで こたえましょう。

(1) かみなりは なにを しに いこうと していましたか。
（雨 ふらしに いこうと して いた。）

(2) かみなりは なにに こまって いましたか。
（人が たりないこと。）

(3) かみなりは なにを てつだって ほしいと いいましたか。
（水ぶくろから、雨の たねを まくこと。）

(4) ①——②——は だれの ことですか。
①わし（かみなり）
②おまえ（おけや）

P73

天に のぼった おけや(3)　なまえ［　　　］

かみなりは、ずしりと おもい ふくろを、おけやに わたした。

「まきすぎるなよ。ほな、出かけようか。」

かみなりは、たいこを ドコドコ ガラガラ ならし、かがみを ぴかぴか しゃきしゃき ひからせながら はしりだす。それっと いうので、おけやも 雨の たねを ちくちく まく。

ちくちく まくだけでも、下は ひどい ゆうだちだ。

うえの ぶんを よんで こたえましょう。

(1) かみなりは、おけやに なにを わたしましたか。
（ずしりと おもい ふくろ）

(2) かみなりは おけやに どんな ことを ちゅうい しましたか。
（まきすぎるなよ。）

(3) かみなりは たいこと かがみを どのように ならしたり ひからせたり しましたか。
たいこ（ドコドコ ガラガラ）
かがみ（ぴかぴか しゃきしゃき）

(4) おけやは 雨の たねを どんな ふうに まきましたか。
（ちくちく まいた。）

P74

天に のぼった おけや(4)　なまえ［　　　］

ちょうど その 日は、たなばたまつりだった。あっちの むらでも、こっちの むらでも、
ピイピイ カラカラ
トンタコ トンタコ
ふえや たいこで にぎやかだったから、ひさしぶりに 雨が ふって、うれしいやら ぬれるやらの 大さわぎ。

うえの ぶんを よんで こたえましょう。

(1) その 日は、なにの 日 でしたか。
（たなばたまつり）

(2) むらは どんな ようす でしたか。
（ふえや たいこで にぎやかだった。）

(3) ひさしぶりに 雨が ふって、むらの 人たちは どんな ふうに なりましたか。
（うれしいやら ぬれるやらの 大さわぎ。）

P75

天に のぼった おけや(5)　なまえ［　　　］

おけやも おもしろくて たまらない。はしゃぎまわって いる うちに、とうとう じぶんの むらに やって きた。

「日でりつづきで 田んぼは からからなのや。そうら、おまけじゃ。」
ちくちく どころか、どぼっと 雨の たねを おとした、とみる まに、むらは たちまち 大水だ。
「し、しまった。えらい こと した。」
のぞきこんだ とたん、おけやは あし ふみはずして、まっさかさまに おちて いったって。

うえの ぶんを よんで こたえましょう。

(1) おけやが 雨の たねを じぶんの むらに どぼっと おとしたのは どうしてですか。
（日でりつづきで 田んぼは からからなので、おまけして やろうと おもったから。）

(2) 雨の たねを どぼっと おとされた むらは どう なりましたか。
（大水に なった。）

(3) なぜ おけやは えらい こと したと おもったのですか。
（むらが 大水に なったから。）

(4) むらを のぞきこんだ おけやは どう なりましたか。
（あし ふみはずして、まっさかさまに おちて いった。）

P76

天に のぼった おけや(6)　なまえ［　　　］

いっぽう、下の むらでは……。

いなびかりやら、かみなりやら、大水やらで にげまわって いたが、どこかで、

「ほうい。たすけてくれえ。」

と、こえが する。だれだろうと さがして みると、おてらの 五じゅうのとうに おけやが しがみついて、

「ほうい。」

と よんで いる。

のぼるには たかすぎるし、つなを なげても とどかない。

うえの ぶんを よんで こたえましょう。

(1) 下の むらの 人たちは どうして いましたか。
（にげまわって いた。）

(2) 「ほうい。たすけてくれえ。」と いって いるのは だれですか。
（おけや）

(3) おけやは どこで どんな ふうに して いましたか。
どこで（おてらの 五じゅうのとう）
どんな ふうに（しがみついて、「ほうい。」と よんで いる。）

P77

天に のぼった おけや(7)　なまえ［　　　］

「ふろしきを あつめて こい。」
おしょうさんの さしずで、ふろしきを つなぎあわせ、みんなが まわりから ひっぱって いると、おけやは ぼうんと とびおりて、やっと むらに もどって きたって。

それからも おけやは なんだか あの かみなりに あいたくて、空を みあげ みあげ、おけの わを はめて いたそうな。
トンカッカ トントン
トンカッカ トントン……

うえの ぶんを よんで こたえましょう。

(1) おしょうさんは むらの 人に どうするように いいましたか。
（「ふろしきを あつめて こい。」）

(2) おしょうさんの さしずで みんなは どうしましたか。二つ かきましょう。
（ふろしきを つなぎあわせた。）

（まわりから ひっぱった。）

(3) 空を みあげながら おけの わを はめて いるとき、おけやは どんな ことを おもって いたのでしょう。
（また、あの かみなりに あいたい。）

※本書にかかれている解答はあくまでも一例です。答えは、文意があっていれば、○をして下さい。
「思ったこと」「考えたこと」などは様々なとらえ方があります。児童の思いをよく聞いて○をつけて下さい。

P80

はなの みち

うえの ぶんを よんで こたえましょう。（(1)～(5)まで 各20）

(1) くまさんは なにを みつけましたか。

（ふくろ）

(2) くまさんが りすさんに ききに いったのは どうしてですか。

（ふくろの なかに はいって いる ものが なにか わからなかったから。）

(3) ふくろを あけると なにも なかったのは どうしてですか。

（ふくろに あなが あいて いたから。）

(4) あたたかい かぜが ふきはじめた とき、なにが できましたか。

（ながい ながい、はなの いっぽんみち）

(5) ふくろの なかに はいって いたのは なに だったのでしょう。

（はなの たね）

P81

おむすび ころりん (1)

うえの ぶんを よんで こたえましょう。（(1)～(5)まで 各20）

(1) おじいさんは やまで なにを して いましたか。

（はたけを たがやして いた。）

(2) おなかが すいた おじいさんは なにを たべようと おもいましたか。

（おむすび）

(3) おじいさんが つつみを ひろげると、おむすびは どう なりましたか。

（ひとつ ころがって、ころころ ころりん かけだした。）

(4) おむすびは どこに とびこみましたか。

（はたけの すみの あなの なか）

(5) おじいさんが あなに みみを あてると どんな うたが きこえましたか。

（おむすび ころりん すっとんとん。ころころ ころりん すっとんとん。）

P82

おむすび ころりん (2)

うえの ぶんを よんで こたえましょう。（(1)～(5)まで 各20）

(1) ①――の「これは おもしろい。」とありますが、なにが おもしろいのですか。

（うたが きこえること。）

(2) ふたつめ ころんと ころがしたのは なに ですか。

（おむすび）

(3) ふたつめ ころんと ころがすと、どう なりましたか。

（おなじ うたが きこえた。）

(4) おなかが すいてる ことなんか、わすれて しまった おじいさんは なにを しましたか。

（うたに あわせて おどりだした。）

(5) おじいさんが あしを すべらせて、じぶんも あなへ すっとんとんと、とびこんだ ところは どこですか。

（ねずみの おうち）

P83

大きな かぶ (1)

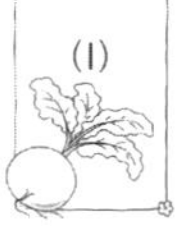

うえの ぶんを よんで こたえましょう。

(1) おじいさんは なにを まきましたか。（10）

（かぶの たね）

(2) おじいさんは どんな かぶに なってほしいと おもいましたか。2こ かきましょう。（15×2）

（あまい あまい かぶ）

（大きな 大きな かぶ）

(3) おじいさんが かぶを ぬこうとしても ぬけなかったのは どうしてでしょう。（20）

（大きな 大きな かぶだったから。）

(4) おじいさんが かぶを ぬこうとして かぶは ぬけましたか。（10）

（ぬけなかった。）

(5) おじいさんは だれを よんで きましたか。（10）

（おばあさん）

(6) ① かぶを ひっぱって いるのは だれ ですか。（10×2）

（おじいさん）

② おじいさんを ひっぱって いるのは だれ ですか。

（おばあさん）

※本書にかかれている解答はあくまでも一例です。答えは、文意があっていれば、〇をして下さい。
「思ったこと」「考えたこと」などは様々なとらえ方があります。児童の思いをよく聞いて〇をつけて下さい。

P84

大きな かぶ (2)

うえの ぶんを よんで こたえましょう。

(1) おばあさんは だれを よんで きましたか。⑮
(**まご**)

(2) かぶは ぬけましたか。⑳
(**ぬけなかった。**)

(3) まごは だれを よんで きましたか。⑮
(**犬**)

(4) おばあさんを ひっぱって いるのは だれですか。⑳
(**まご**)

(5) まごを ひっぱって いるのは だれですか。⑳
(**犬**)

(6) □に あてはまる ことばに 〇を しましょう。⑩
( ) とうとう
(〇) まだまだ
( ) いろいろ

P85

くじらぐも (1)

うえの ぶんを よんで こたえましょう。(1)〜(5)まで 各⑳

(1) 一ねん二くみの 子どもたちは なにを して いましたか。
(**たいそう**)

(2) 空に あらわれた 大きな くじらと おなじ いみの ことばを かきましょう。
(**まっしろい くもの くじら**)

(3) くじらは なにを はじめましたか。
(**たいそう**)

(4) みんなが かけあしで うんどうじょうを まわると、くもの くじらは どう しましたか。
(**空を まわった。**)

(5) せんせいが ふえを ふいたのは なにの あいず ですか。
(**とまれの あいず**)

P86

くじらぐも (2)

うえの ぶんを よんで こたえましょう。

(1) ①―と ②―は だれが いいましたか。(10×2)
① (**くじら**)
② (**せんせい**)

(2) みんなは くじらぐもの うえで なにを しましたか。⑳
(**うたを うたった。**)

(3) くじらが まわれ右を したのは なにを するため ですか。⑳
(**かえるため。**)

(4) くじらぐもは みんなを どこに おろしましたか。⑳
(**ジャングルジムの うえ**)

(5) みんなが「さようなら。」と 手を ふったとき、なにが なりだしましたか。⑳
(**四じかんめの おわりの チャイム**)

P87

ずうっと、ずっと、大すきだよ (1)

うえの ぶんを よんで こたえましょう。

(1) エルフと ぼくは、まい日 どうして いましたか。⑳
(**いっしょに あそんだ。**)

(2) エルフの すきだった ことを、二つ かきましょう。(10×2)
(**りすを おいかけること。**)
(**ママの かだんを ほりかえすこと。**)

(3) かぞくが すごく おこったのは、どんな ときですか。⑳
(**エルフが わるさを したとき。**)

(4) かぞくの だれもが、エルフに すきと いって やらなかったのは どうしてでしょう。⑳
(**いわなくっても、わかると おもって いたから。**)

(5) ぼくの せが、ぐんぐん のびる あいだに、エルフは、どうなって いきましたか。⑳
(**どんどん ふとって いった。**)

※本書にかかれている解答はあくまでも一例です。答えは、文意があっていれば、○をして下さい。
「思ったこと」「考えたこと」などは様々なとらえ方があります。児童の思いをよく聞いて○をつけて下さい。

P88

ずうっと、ずっと、大すきだよ (2)

うえの ぶんを よんで こたえましょう。

(1) としを とった エルフは どうなりましたか。二つ かきましょう。(15×2)

（ねて いる ことが おおく なった。）

（さんぽを いやがるように なった。）

(2) ぼくは どんなことを しんぱいしているのでしょう。(20)

（エルフが、しんで しまうかも しれない。）

(3) じゅういさんにも できる ことはなにも なかったのは どうしてでしょう。(20)

（エルフは、としを とったから。）

(4) ねるとき、ぼくが エルフに してやったことを 二つ かきましょう。(15×2)

（やわらかい まくらを やった。）

（「エルフ、ずうっと、大すきだよ。」って、いって やった。）

P89

あめふり くまの こ

うえの ぶんを よんで こたえましょう。(1)〜(5)まで 各20

(1) おやまに あめが ふって、なにが できましたか。

（おがわ）

(2) くまの こが おがわを のぞいてみたのは なぜですか。

（さかなが いるかと おもったから。）

(3) くまの こは なにを のみましたか。

（おみずを ひとくち のんだ。）

(4) くまの こが おがわを もいちど のぞいてみたのは なぜですか。

（それでも どこかに さかなが いるような きが したから。）

(5) くまの こが あたまに はっぱを のせたのは なぜですか。

（なかなか やまない あめだから かさでも かぶって いましょうと おもったから。）

P90

たぬきの 糸車 (1)

うえの ぶんを よんで こたえましょう。(1)〜(5)まで 各20

(1) 二つの くりくりした 目玉は だれの 目玉 ですか。正しい ものに ○を しましょう。

（○）たぬき

（　）おかみさん

(2) 糸車が まわるに つれて、二つの 目玉は どうなりましたか。

（くるりくるりと まわった。）

(3) 月の あかるい しょうじに なにが うつって いましたか。

（糸車を まわす まねを する たぬきの かげ）

(4) おもわず ふき出しそうに なった おかみさんは、そのあと どうしたのですか。正しい ものに ○を しましょう。

（　）わらいだした。

（　）おこりだした。

（○）だまって 糸車を まわした。

(5) おかみさんは たぬきを どう おもいましたか。おかみさんの ことばを かき出しましょう。

（「いたずらもんだが、かわいいな。」）

P91

たぬきの 糸車 (2)

うえの ぶんを よんで こたえましょう。

(1) はるに なって、きこりの ふうふは どこに もどって きましたか。(15)

（山おくの こや）

(2) とを あけた とき、おかみさんが あっと おどろいたのは なぜですか。二つ かきましょう。(20×2)

（いたの間に、白い 糸の たばが、山のように つんで あったから。）

（ほこりだらけの はずの 糸車に まきかけた 糸が かかって いたから。）

(3) いたの間を みて、おかみさんは どう おもいましたか。おかみさんの ことばを かき出しましょう。(15)

（「はあて、ふしぎな。どう した こっちゃ。」）

(4) おかみさんが、土間で ごはんを たきはじめたとき、きこえて きたものを 七もじで かきましょう。(15)

糸車のまわる音

(5) いたどの かげから 見えた ものは なにですか。(15)

（ちゃいろの しっぽ）

※本書にかかれている解答はあくまでも一例です。答えは、文意があっていれば、○をして下さい。
「思ったこと」「考えたこと」などは様々なとらえ方があります。児童の思いをよく聞いて○をつけて下さい。

P92

てがみ

うえの ぶんを よんで こたえましょう。

(1) きつねの こは なにを しようと おもいましたか。 15

（だれかに てがみを かこうと おもった。）

(2) きつねの こは きのう だれと あそびましたか。3こ かきましょう。 10×3

（うさぎさん）

（くまさん）

（たぬきさん）

(3) きつねの こは だれに てがみを かくことに しましたか。 15

（ねずみさん）

(4) ねずみさんに なんにちも あっていないのは どうしてですか。 20

（ねずみさんは、あしを けがして、そとへ でられないから。）

(5) きつねの こは なにを いっしょうけんめい かんがえましたか。 20

（ねずみさんに なにを かこうかなと かんがえた。）

P93

おおきな かぶ (1)

うえの ぶんを よんで こたえましょう。

(1) おじいさんは なにを まきましたか。 20

（かぶの たね）

(2) おじいさんは どんな かぶに なってほしいと おもいましたか。2こ かきましょう。 10×2

（あまい あまい かぶ）

（おおきな おおきな かぶ）

(3) どんな かぶが できましたか。 20

（あまい、げんきの よい、とてつもなく おおきい かぶ）

(4) ① ② に あてはまる ことばを [ ] から えらんで かきましょう。 10×2

①（ところが）

②（それでも）

[それから ところが そして それでも]

(5) おばあさんは だれを ひっぱって いますか。 20

（おじいさん）

P94

おおきな かぶ (2)

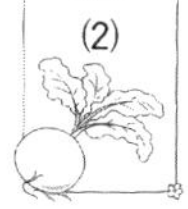

うえの ぶんを よんで こたえましょう。

(1) おばあさんは だれを よんで きましたか。 20

（まご）

(2) かぶを ひっぱって いるのは だれですか。 20

（おじいさん）

(3) ①と②に あてはまる ことばを [ ] から えらんで かきましょう。 10×2

①（まだ まだ）

②（まだ まだ、まだ まだ、）

[・まだ まだ、 ・まだ まだ、まだ まだ、]

(4) まごは だれを よんで きましたか。 20

（いぬ）

(5) かぶを ひっぱっている じゅんに、（ ）の なかに ひとや どうぶつを かきましょう。 20

（かぶ）→（おじいさん）→（おばあさん）→（まご）→（いぬ）

P95

サラダで げんき (1)

うえの ぶんを よんで こたえましょう。

(1) りっちゃんは、なにを きりましたか。三つ かきましょう。 10×3

（きゅうり）

（トマト）

（キャベツ）

(2) のらねこは サラダに なにを 入れると「いいですよ」と いいましたか。 15

（かつおぶし）

(3) のらねこが いったものを サラダに入れると どうなるのでしょう。二つ かきましょう。 10×2

（すぐに げんきに なる。）

（木のぼり だって じょうずに なる。）

(4) となりの 犬は サラダに なにを 入れると「いちばんさ」と いいましたか。 15

（ハム）

(5) となりの 犬が いったものを サラダに 入れて たべると どうなるのでしょう。 20

（ほっぺたが たちまち ももいろに ひかりだす。）

P96

サラダで げんき (2)

うえの ぶんを よんで こたえましょう。

(1) ひこうきに のって きたのは だれですか。⑩

（アフリカぞう）

(2) アフリカぞうが せかせかと おりて きたのは どうしてですか。⑳

（サラダを つくりおわるまでに まにあうため。）

(3) アフリカぞうが サラダに かけた ものを 三つ かきましょう。(10×3)

（あぶら）（しお）（す）

(4) アフリカぞうは サラダを つくるのに どんな ことを したのでしょう。⑳

（スプーンを はなで にぎって、力づよく くりん くりんと まぜた。）

(5) サラダを たべて、りっちゃんの おかあさんは、どうなりましたか。⑳

（たちまち げんきに なった。）

P97

おとうとねずみ チロ (1)

うえの ぶんを よんで こたえましょう。

(1) だれから 手がみが とどきましたか。⑩

（おばあちゃん）

(2) ① おばあちゃんは けいとで なにを あんでいますか。(10×2)

（チョッキ）

② けいとの いろは なにいろですか。

（赤と 青）

(3) おばあちゃんは なにを「たのしみに まって いて ください。」と いって いるのでしょう ⑳

（もう すぐ チョッキが あみあがること。）

(4) 三びきが 大よろこび している のは どうしてですか。⑳

（おばあちゃんが チョッキを あんで くれている ことが かいてある 手がみを よんだから。）

(5) にいさんねずみ、ねえさんねずみ、おとうとねずみは なにいろが いいと いいましたか。(10×3)

にいさんねずみ（赤）

ねえさんねずみ（青）

おとうとねずみ（赤と 青）

P98

おとうとねずみ チロ (2)

うえの ぶんを よんで こたえましょう。

(1) ① おばあちゃんから なにが とどきましたか。(15×2)

（小づつみ）

② 中には なにが 入っていましたか。

（けいとの チョッキが 三まい）

(2) けいとの チョッキの いろを こたえましょう。(10×2)

① いちばん 大きい チョッキは なにいろですか。

（赤）

② いちばん 小さい チョッキは なにいろですか。

（赤と青）

(3) チロの チョッキは どんな チョッキですか。⑮

（しましまの チョッキ（赤と 青の よこじまの チョッキ））

(4) チョッキを きた チロが おかの てっぺんへ かけのぼったのは どうしてでしょう。⑮

（おばあちゃんに おれいを いうため。）

(5) なぜ 二かいめは ゆっくり「あ、り、が、と、う。」と いったのでしょう。⑳

（おばあちゃんに よく きこえるように。）

P99

はるの ゆきだるま (1)

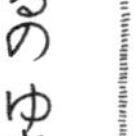

うえの ぶんを よんで こたえましょう。

(1) ゆきだるまは どこに 立って いましたか。⑩

（山の 中）

(2) ゆきだるまを つくったのは だれですか。⑩

（村の 子どもたち）

(3) ゆきだるまは どんな 音を きいて いましたか。二つ かきましょう。(10×2)

（かぜの 音）（木の えだから おちる ゆきの 音）

(4) ゆきだるまが ずっと ひとりぼっちだったのは どうしてでしょう。⑳

（村の 子どもたちが もう あそびに こないから。）

(5) 山の どうぶつたちは どこへ いこうと しているのでしょう。⑳

（山の ふもとの ほう）

(6) ゆきだるまが「はるって、いったい なんだろう。」と おもったのは、なにを 見たからでしょう。⑳

（たのしそうに 山を 下りてくる どうぶつたち。）

※本書にかかれている解答はあくまでも一例です。答えは、文意があっていれば、○をして下さい。
「思ったこと」「考えたこと」などは様々なとらえ方があります。児童の思いをよく聞いて○をつけて下さい。

P100

はるの ゆきだるま (2)

うえの ぶんを よんで こたえましょう。

(1) ゆきだるまの すぐ そばを とおりかかった どうぶつたちは、なにを したいと いいましたか。(15)

（「早く、はるを 見つけたいねえ。」）

(2) ①～③は だれが いった ことばでしょう。(5×3)

①（どうぶつたち）
②（ゆきだるま）
③（子うさぎ）

(3) どんな どうぶつたちが はるを さがして いますか。(8×5)

（子うさぎ）（子ぐま）
（子りす）（子ぎつね）
（子だぬき）

(4) どうぶつたちは、はるの どんな ところが すてきだと いっていますか。三つ かきましょう。(10×3)

（あったかい。）
（木の えだが、いっぱい みどりの めを 出す。）
（お花が いっぱい さいて、ちょうちょが とびはじめる。）

P101

けむりの きしゃ

うえの ぶんを よんで こたえましょう。

(1) ① なにが おちて きましたか。(15×2)

（ながれぼし）

② だれが ひろいましたか。

（えんとつそうじの おじいさん）

(2) おじいさんが した ことに ついて かきましょう。(20×3)

① おじいさんは ながれぼしを どこに おきましたか。

（えんとつの てっぺん）

② おじいさんは なにを しはじめましたか。

（まきを もやしはじめた。）

③ おじいさんが ①②の ことを したのは、なにの ためですか。

（ながれぼしを そらへ かえして あげるため。）

(3) ながれぼしは なにに のって、そらへ のぼって いきましたか。(10)

（けむり）

P102

けんかした 山 (1)

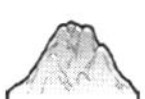

うえの ぶんを よんで こたえましょう。(①～⑤まで 各20)

(1) どんな 山が、ならんで たって いましたか。

（たかい 山）

(2) 山たちが けんかを するのは、なにを する せいですか。

（せいくらべ）

(3) お日さまは どう いいましたか。

（「けんかを やめろ。」）

(4) お月さまが 山たちに けんかを やめて ほしいのは なぜですか。

（もりの どうぶつたちが、あんしんして ねて いられないから。）

(5) 山が けんかを やめないのは どうしてか、あてはまるものに ○を しましょう。

（○）どちらの 山も、じぶんの ほうが せが たかいと おもって いるから。
（　）どちらの 山も、じぶんの ほうが つよいと おもって いるから。
（　）どちらの 山も、お日さまや お月さまの いうとおりに したくないから。

P103

けんかした 山 (2)

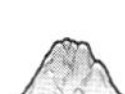

うえの ぶんを よんで こたえましょう。(①～⑤まで 各20)

(1) ある 日、りょうほうの 山は なにを しましたか。

（まけずに どっと 火を ふきだした。）

(2) たくさんの みどりの 木は、どう なりましたか。

（あっと いう まに、火に つつまれた。）

(3) ことりたちは、お日さまに なにを よんで ほしいと いいましたか。

（くも）

(4) ことりたちは、くもに なにを して もらいたいのでしょう。

（あめを ふらせて ほしい。）

(5) ことりたちも、なにを よびに いくのですか。

（くも）

※本書にかかれている解答はあくまでも一例です。答えは、文意があっていれば、〇をして下さい。
「思ったこと」「考えたこと」などは様々なとらえ方があります。児童の思いをよく聞いて〇をつけて下さい。

P104

うみへの ながい たび (1)

うえの ぶんを よんで こたえましょう。

(1) 白くまの きょうだいは なん人ですか。⑮

（ 二人 ）

(2) 白くまの きょうだいは ふゆの あいだじゅう、どこで すごして きましたか。⑮

（ あなの 中 ）

(3) 二人の あたまの うえには、なにが ひろがって いますか。⑮

（ ぬけるような 青い はるの 空 ）

(4) 白さが まぶしすぎるのは どこですか。⑮

（ 見わたす かぎり ひろがる ゆきのはら ）

(5) 二人が 目を まんまるに 見ひらいて、ながめて いる ものは なにですか。⑳

（ はじめての そとの せかい ）

(6) 二人が いくら ながめていても あきないのは どうしてですか。⑳

（ はじめての そとの せかいを ながめて いるから。）

P105

うみへの ながい たび (2)

うえの ぶんを よんで こたえましょう。

(1) ここに やって くるのに なん日ちかく あるきましたか。⑩

（ 百日ちかく ）

(2) ① ふかい あなを ほったのは だれですか。(15×3)

（ かあさんぐま ）

② ふかい あなを ほって、なにを しましたか。二つ かきましょう。

（ 二人を うんだ。）

（ 二人を そだてた。）

(3) かあさんぐまが うみへ もどらないと いけないと おもっているのは なぜですか。⑮

（ からだが もたなく なるから。）

(4) ゆきの うえに うずくまって、かあさんぐまは なにを していますか。⑮

（ じっと 耳を すまし、目を とじている。）

(5) かあさんぐまが じっと 耳を すまし、目を とじているのは どうしてですか。あてはまるものに 〇を しましょう。⑮

（ ）かぜが きもちよく ふいているから。

（〇）うみが どちらの ほうに あるのか たしかめたいから。

（ ）うみから いい かおりが してきたから。

P106

お手がみ (1)

うえの ぶんを よんで こたえましょう。

(1) だれが だれの ところに やって きましたか。(10×2)

（ かえるくん ）が（ がまくん ）の ところへ やってきた。

(2) がまくんは、げんかんの まえに すわって なにを しているのでしょう。⑳

（ お手がみを まっている。）

(3) がまくんは、どんな ようすで げんかんの まえに すわって いるのでしょう。⑳

（ かなしそう ）

(4) がまくんが 一日の うちで かなしい 気もちに なるのは どんな ときですか。⑳

（ お手がみを まっている とき。）

(5) がまくんが ふしあわせな 気もちに なるのは どうしてですか。⑳

（ お手がみを もらった ことが ないから。）

P107

お手がみ (2)

うえの ぶんを よんで こたえましょう。

(1) がまくんが 手がみを まって いる ときが かなしいのは どうしてでしょう。⑳

（ まい日、ゆうびんうけが 空っぽだから。（だれも、ぼくに お手がみ なんか くれた ことが ないから。））

(2) かなしい 気分に なった、二人の それぞれの 気もちを かきましょう。(20×2)

がまくん

（ きょうも 手がみは こない。）

かえるくん

（ 手がみを もらった ことが ない がまくんが かわいそう。）

(3) かえるくんの「しなくちゃ いけない こと」とは なんですか。⑳

（ がまくんに 手がみを かくこと。）

(4) かえるくんが 大いそぎで いえへ かえったのは どうしてでしょう。⑳

（ はやく がまくんに 手がみを かいて あげたいから。）

※本書にかかれている解答はあくまでも一例です。答えは、文意があっていれば、○をして下さい。
「思ったこと」「考えたこと」などは様々なとらえ方があります。児童の思いをよく聞いて○をつけて下さい。

P108

いい もの みつけた

うえの ぶんを よんで こたえましょう。

(1) もりの なかの いえに、だれが すんでいますか。⑳

（りすの おやこ）

(2) ① たねを みつけたのは だれですか。(10×2)

（わたし）

② どんぐりを ひろったのは だれですか。

（ぼく）

(3) かあさんりすが「いい もの」と いって いるのは なに でしょう。2こ かきましょう。(10×2)

（たね）（どんぐり）

(4) ふたりは、たねと どんぐりを どうしましたか。⑳

（つちの なかに うめた。）

(5) みんな うれしそうに して いるのは、どうしてでしょう。⑳

（にわに、ちいさな めと おおきな めが でたから。）

P109

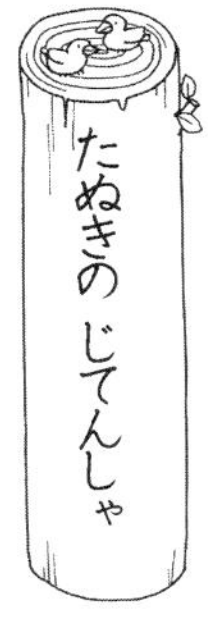

たぬきの じてんしゃ

うえの ぶんを よんで こたえましょう。

(1) たぬきの こどもの、ながい あいだの ゆめは なんだったのでしょう。(1)～(5)まで 各20

（(あかい) じてんしゃを かって もらうこと。）

(2) たぬきが じてんしゃに のると どうなりましたか。

（じぶんで じぶんの しっぽを ひきそうに なった。）

(3) たぬきは どうすれば あんぜんだと かんがえましたか。

（しっぽを くわえて のる。）

(4) からすは どういって たぬきを からかいましたか。

（「やあい、たぬきの くいしんぼ。 じぶんの しっぽを たべてるぞ。」）

(5) たぬきが じぶんの しっぽを ひいて しまったのは どうしてですか。

（うっかり しゃべって、くちから しっぽが はなれて しまったから。）

P110

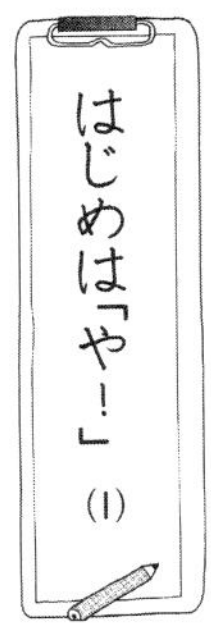

はじめは「や！」(1)

うえの ぶんを よんで こたえましょう。

(1) うえの ぶんに 出てくる どうぶつを 二つ かきましょう。(10×2)

（くまさん）（きつねさん）

(2) くまさんは、なにを 出しに いきましたか。⑮

（お手がみ）

(3) なぜ くまさんは「いい 気もち。」と いったのでしょう。⑮

（いい お天気だから。）

(4) 「スタタ スタタ スタタ」は、だれが あるいている ようすですか。⑮

（きつねさん）

(5) くまさんと きつねさんは ともだちですか。⑮

（ともだちでは ない。）

(6) 「……。」「……。」から、どんな ことが わかりますか。⑳

（ふたりとも だまっていた。）

P111

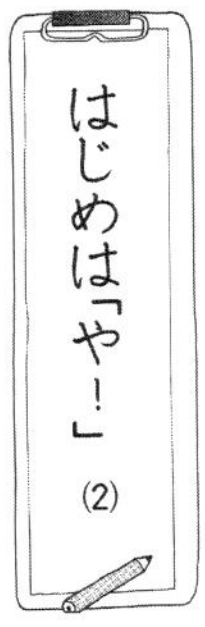

はじめは「や！」(2)

うえの ぶんを よんで こたえましょう。

(1) ポストは、どこに ありましたか。⑩

（みちの かど）

(2) 「ポトリ」は なんの おとですか。⑮

例（手がみが ポストに おちる おと）

(3) くまさんは、手がみを ポストに 入れたあと、どこへ なにをしに いきましたか。⑮

（町へ さんぽに いった。）

(4) くまさんは、なにを みて「きれいだねえ。」と いったのですか。⑮

（花やさんの 花）

(5) きつねさんは どこから やって きましたか。⑩

（むこうから やって きた。）

(6) くまさんは きつねさんに あって、なんと おもいましたか。⑩

（(あ、さっきの きつねさんだ。)）

(7) きつねさんは くまさんに あって、なんと おもいましたか。⑩

（(あ、さっきの くまさんだ。)）

(8) なぜ ふたりは だまって とおりすぎたのでしょう。⑮

（ともだちじゃ ないから。）

※本書にかかれている解答はあくまでも一例です。答えは、文意があっていれば、○をして下さい。
「思ったこと」「考えたこと」などは様々なとらえ方があります。児童の思いをよく聞いて○をつけて下さい。

P112 はじめは「や!」(3)

うえの ぶんを よんで こたえましょう。

(1) くまさんは、しんごうが 青に なったら、どこへ いく つもりですか。（(1)~(5)まで 各20）

（本やさんに いく つもり）

(2) きつねさんは どこで まって いましたか。

（みちの むこうがわ）

(3) 「ソ・ソ・ソ・ソ・ソ」は なんの ようすを あらわしていますか。

（ふたりが、おうだんほどうを あるいている ようす。）

(4) 「それで ふたりは、」と かかないで「それで また ふたりは、」と かいてあります。どうして またを つけたして いるのでしょう。

例（まえにも ふたりは だまって とおりすぎているから。すれちがうのが はじめてでは ないから。など）

(5) なぜ ふたりは だまって とおりすぎたのでしょう。

（ともだちじゃ ないから。気が つかなかったから。）

P113 はじめは「や!」(4)

うえの ぶんを よんで こたえましょう。

(1) くまさんは、どこで ひと休みしましたか。 15

（（みどりの こうえんの）ベンチ）

(2) ベンチで ひと休みしている くまさんの ところに やってきたのは だれですか。 15

（きつねさん）

(3) くまさんが、（きつねさん、ちょっと 休んで いくと いいのに。）と おもったのは どうしてですか。 15

（きつねさんは、にもつを いっぱい もって いたから。）

(4) くまさんが、ベンチにおいた ぼうしを とって、そっと ひざに おいたのは どうしてですか。 15

（きつねさんが すわれるように したかったから。）

(5) ふたりが「……。」「……。」と だまって いたのは どうしてですか。 20

（まだ ともだちじゃ ないから。）

(6) つぎの ことばは だれが いいましたか。 10×2

「や。」（くまさん）

「……や。」（きつねさん）

P114 はじめは「や!」(5)

うえの ぶんを よんで こたえましょう。

(1) ひと休みが すむと、くまさんは どんな きもちに なりましたか。 15

（きつねさんの にもつを もって あげたく なった。）

(2) くまさんは、きつねさんの にもつを どうして あげようと いいましたか。 15

（「はんぶん もちましょう。」）

(3) ① つぎの 日、くまさんは なにをしに 出かけましたか。 15×2

（さんぽ）

② こうえんの ベンチで なにを しようと おもったのでしょう。

（きのう かった 本を よもうと おもった。）

(4) くまさんと きつねさんが、おもわず「やあ やあ。」と いったのは どうしてですか。 15

（きのう あって ともだちに なった から。）

(5) ふたりが とっても とっても うれしく なったのは どうしてですか。 15

（おもわず「やあ やあ やあ。」と こえを かけあえたから。）

(6) その 日から、ふたりは どうなりましたか。 10

（いちばんの ともだちに なった。）

P115 ろくべえまってろよ (1)

うえの ぶんを よんで こたえましょう。

(1) ろくべえは どこに おちましたか。 15

（あな）

(2) ろくべえを さいしょに 見つけたのは、だれですか。 15

（えいじくん）

(3) どうして かんちゃんは「まぬけ。」と いったのでしょう。 15

（犬の くせに あなに おちたから。）

(4) すがたは 見えないのに、なぜ ろくべえと わかるのですか。 15

（なきごえで わかる。）

(5) みつおくんが かい中でんとうを もって きたのは どうしてですか。 20

（あなは、ふかくて、まっくらで ろくべえの すがたが 見えなかったから。）

(6) えいじくんに「ろくべえ。がんばれ。」と いわれて、ろくべえの なきごえは、どうなりましたか。 20

（まえより 大きく なった。）

※本書にかかれている解答はあくまでも一例です。答えは、文意があっていれば、○をして下さい。
「思ったこと」「考えたこと」などは様々なとらえ方があります。児童の思いをよく聞いて○をつけて下さい。

P116

ろくべえまってろよ (2)

うえの ぶんを よんで こたえましょう。

(1) みんなが しんぱいに なって きたのは どうしてですか。⑮
（ろくべえが まるく なって しまったから。）

(2) 「ろくべえ。」と よびかけられて、ろくべえは どうしましたか。⑮
（ちょっと 目を 上げる だけ。）

(3) ① えいじくんは さいしょに なんの うたを うたいましたか。(10×2)
（どんぐりころころ）
② つぎに かんちゃんが うたったのは なんの うたですか。
（おもちゃの チャチャチャ）

(4) みんなの うたを きいて ろくべえは どうしましたか。⑮
（ちょっと 目を 上げた だけ。）

(5) みすずちゃんは、どうして あげたら い ろくべえの げん気が 出るかもと いいましたか。⑮
（シャボン玉を ふいて あげる。）

(6) あ――と い――は、だれが いいましたか。(10×2)
あ（えいじくん） い（かんちゃん）

P117

まほうの はこ

うえの ぶんを よんで こたえましょう。

(1) いぬが やって くると、はこから なにが とびだしましたか。⑩
（にく）

(2) ねこが やって くると、はこから なにが とびだしましたか。⑩
（さかな）

(3) はこから にんじんが とびだしたのは、だれが きた とき ですか。⑩
（うさぎ）

(4) はこから きの みが とびだしたのは、だれが きた とき ですか。⑩
（りす）

(5) この はこは、どんな ものが でて くる まほうの はこですか。⑳
（やって きたものの すきな ものが でて くる。(なんでも でて くる。)）

(6) つぎの どうぶつの すきな ものを せんで むすびましょう。(10×4)

りす　ねこ　いぬ　うさぎ

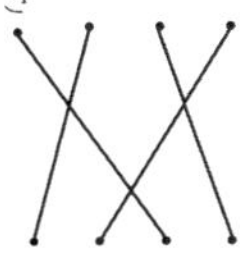

さかな　にんじん　きの み　にく

P118

どうぞの いす

うえの ぶんを よんで こたえましょう。

(1) うさぎさんが いすを おおきな きの したに おいたのは どうしてでしょう。⑮
（だれかに いすに すわって ほしかったから。）

(2) ろばさんが いすを みて、ひとやすみしようと おもったのは どうしてでしょう。⑮
（「どうぞの いす」と かいて あったから。）

(3) ろばさんは、どこに なにを おろしましたか。(10×2)
（いす）に（かご）を おろして、ねて しまいました。

(4) ろばさんの かごには、なにが はいって いましたか。⑮
（はな）

(5) くまさんが 「これは うれしい。」と おもったのは、どうしてでしょう。⑮
（いすの はなを みて 「どうぞの いす」と かいて あったので、もらえると おもったから。）

(6) くまさんは、どこに なにを おいて いきましたか。(10×2)
（かご(いす)）に（みつ）を おいて いった。

P119

はんぶんずつ すこしずつ (1)

うえの ぶんを よんで こたえましょう。

(1) くまじいさんは、なにの めいじんですか。⑮
（さかなとり）

(2) くまじいさんは、なにを とりましたか。⑮
（大きな さけ）

(3) くまじいさんは、とったものの はんぶんを、なにに して たべましたか。⑮
（フライ）

(4) くまじいさんは、とったものを ひとりで どれくらい たべることに しましたか。⑮
（はんぶん）

(5) くまじいさんが、きつねに あげることに したのは どうしてですか。⑳
（ひとりで たべるには 大きすぎるから。）

(6) ① きつねは くまじいさんに もらったものを、どれだけ たべましたか。(10×2)
（はんぶん）
② きつねは もらったものを、どう りょうりして たべましたか。
（おなべで ぐつぐつと にた。）

※本書にかかれている解答はあくまでも一例です。答えは、文意があっていれば、○をして下さい。
「思ったこと」「考えたこと」などは様々なとらえ方があります。児童の思いをよく聞いて○をつけて下さい。

P120

はんぶんずつ すこしずつ (2)

うえの ぶんを よんで こたえましょう。

(1) うちの 中から、なにが きこえて きましたか。⑮

（大きな くしゃみ）

(2) くまじいさんは、どうして いましたか。⑮

（うんうん うなって ねて いた。）

(3) くまじいさんが かぜを ひいたのは、どうしてですか。⑮

（さけを とりに、つめたい 川に はいったから。）

(4) くまじいさんの うちに とどいた にもつには、なにが はいって いましたか。二つ かきましょう。(10×2)

（けいとの ながい マフラー）（てがみ）

(5) みんなで はんぶんずつ たべたのは なにですか。⑩

（さけ）

(6) みんなで すこしずつ あんだのは なにですか。⑩

（マフラー）

(7) なぜ、みんなで マフラーを あんで くまさんに とどけたのですか。⑮

（マフラーで あたたかくして、早く かぜを なおして ほしいと 思ったから。）

P121

天に のぼった おけや (1)

うえの ぶんを よんで こたえましょう。

(1) おけやは どんな 人ですか。⑮

（のんきもの）

(2) 「トーンカッカ」は なんの おとですか。⑮

（たけの わを はめる おと）

(3) おけやが くもの 上まで とばされたのは どうしてですか。⑮

（たけが はじけたから。）

(4) くもの 上には だれが いましたか。⑮

（かみなり）

(5) なぜ かみなりは おけやに てつだいを たのんだのでしょう。⑮

（雨を ふらすのに 人が たりなくて こまっていたから。）

(6) おけやが たのまれたことは なんだったのでしょう。⑮

（雨を ふらせる てつだい（水ぶくろから、雨の たねを ちくちく まく））

(7) ずしりと おもい ふくろの 中に 入って いたのは なんですか。⑩

（雨の たね）

P122

天に のぼった おけや (2)

うえの ぶんを よんで こたえましょう。

(1) かみなりは、おけやに どんな ことを ちゅうい しましたか。⑮

（(雨の たねを) まきすぎるなよ。）

(2) かみなりは たいこと かがみを、どのように ならしたり、ひからせたり しましたか。⑮

たいこ（ドコドコ ガラガラ ならす。）

かがみ（ぴかぴか ひからせる。しゃきしゃき）

(3) おけやは、雨の たねを どんな ふうに まきましたか。⑮

（ちくちく まいた。）

(4) その 日は、なにの 日 でしたか。⑮

（たなばたまつり）

(5) むらは どんな ようす でしたか。⑮

（ふえや たいこで にぎやかだった。）

(6) ひさしぶりに 雨が ふって、むらの 人たちは どんな ふうに なりましたか。⑩

（うれしいやら ぬれるやらの 大さわぎ。）

P123

ぴかぴかの ウーフ (1)

うえの ぶんを よんで こたえましょう。

(1) おかあさんは ウーフの ズボンを、どう なったと いっていますか。⑮

（ずいぶん 小さく なった。）

(2) おかあさんは ウーフの ズボンを、どうしようと おもっていますか。⑮

（となり村の おばさんの 子に ゆずって あげよう。）

(3) ウーフが おかあさんの いうことを きいて びっくり したのは どうしてですか。⑮

（まだ はけるのに あげると いったから。）

(4) ウーフの ズボンは どんな ズボンですか。⑮

（青い つりズボン）

(5) ウーフが ズボンを ゆずるのは いやだと いって いるのは どうしてですか。⑳

（(いっしょに 木のぼりして、いっしょに のはらを ころがった) 大すきな ズボンだから。）

(6) おかあさんは ウーフに、どんな 大きさの あたらしい ズボンを つくって あげようと おもっていますか。⑳

（ウーフの からだに あった 大きな ズボン）

※本書にかかれている解答はあくまでも一例です。答えは、文意があっていれば、○をして下さい。
「思ったこと」「考えたこと」などは様々なとらえ方があります。児童の思いをよく聞いて○をつけて下さい。

P124

ぴかぴかの ウーフ(2)

うえの ぶんを よんで こたえましょう。（(1)〜(5)まで 各20）

(1) ウーフは どうして かなしく なったのでしょう。

（ズボンを おかあさんが 人に あげるって いうから。）

(2) へびの おばさんは、小さく なった ふくは どうするものだと いいましたか。

（ぬぐ もの）

(3) へびの おばさんは、小さく なった スーツを ぬぐときは どんな 気もちに なると いいましたか。

（せつない 気もちに なる。）

(4) へびの おばさんは、あたらしい ふくを きるときは どんな 気もちに なると いいましたか。

（うれしくて、こころまで ぴかぴかで、いっちょう やろうって 気もちに なる。）

(5) 「いっちょう やろう」という 気もちと おなじ いみの ことばを、文の 中から さがして かきましょう。

（よし、いくぜ）

P127 おおきなかぶ(1)

「おおきな かぶ(1)」を よんで こたえましょう。

(1) ① あまい、げんきの よい、とてつもなく おおきい かぶが できました。おじいさんは どんな せわを したのでしょうか。一こ えらんで ○を しましょう。（15×2）

（○）まいにち みずを やり、くさを ぬき、ひりょうを やった。
（　）ほうって おいても 大きく なるので、あまり せわを しなかった。
（　）ときどき みずを やった。

② なぜ そう おもったのか、かいてみましょう。

例（まいにち せわを しないと、とてつもなく おおきい かぶなんか できないと おもうから。）

(2) ① とてつもなく おおきい かぶが できました。おじいさんに とって どんな かぶが できたのでしょうか。どちらかを えらんで ○を しましょう。（15×2）

（　）はじめから おもったとおりの かぶが できた。
（○）おもいも しなかった かぶが できた。

② なぜ そちらを えらんだのか、かいてみましょう。

例（とてつもなく おおきい かぶが できたので、びっくりしたと おもったから。）

(3) おじいさんは ひとりで かぶを ぬこうと しましたが、ぬけませんでした。そのとき、おじいさんは どう おもいましたか。ふきだしに ことばを かいてみましょう。（20）

例（そうだ。おばあさんを よんで こよう。）

(4) 「それでも、かぶは ぬけません。」と、「まだ まだ、かぶは ぬけません。」とでは、どちらの いいかたの ほうが、ぬけない ようすが よく でているでしょう。（20）

（まだ まだ、かぶは ぬけません。）

P129 おおきなかぶ(2)

「おおきな かぶ」(1)(2)を よんで こたえましょう。

(1) ① この おはなしには 「うんとこしょ、どっこいしょ。」が ぜんぶで 6かい でてきます。こえの おおきさは どうなって いったと おもいますか。一こ えらんで ○を しましょう。（10）

（　）一かいめも 6かいめも かわらない。
（○）だんだん おおきく なって いった。
（　）だんだん ちいさく なって いった。

② なぜ そう おもったのか、かいてみましょう。（10）

例（ひとり、ふたりと ひっぱる ひとが ふえていくから。力を あわせて いっしょうけんめい ひっぱるから。）

(2) おはなしに でてくる じゅんに、ひとや どうぶつを （　）に かきましょう。（10×6）

① はじめに、（おじいさん）が かぶを ぬこうとしています。
② ところが、ぬけないので、（おばあさん）を よびました。
③ それでも、ぬけないので、（まご）を よびました。
④ まだ まだ、ぬけないので、（いぬ）を よびました。
⑤ まだ、まだ、まだ、ぬけないので、（ねこ）を よびました。
⑥ それでも、ぬけないので、（ねずみ）を よびました。
⑦ さいごに みんなで ひっぱって、やっと、かぶは ぬけました。

(3) ① おはなしに でてくる おじいさんは、どんな ひとだと おもいますか。つぎの なかから いちばん よく あてはまる ものを 一こだけ えらんで ○で かこみましょう。（10×2）

略

やさしい	なまけもの	いじわる	こわい	たすけあう
しんせつ	ちからもち	よくがんばる	おもしろい	まじめ

② なぜ それを えらんだのか、かいてみましょう。

（略）

P131 くじらぐも(1)

「くじらぐも」(1)を よんで こたえましょう。

(1) この おはなしに かいてある ことに いちばん あっているのは、つぎの うち どれでしょうか。一つ えらんで、□に きごうを かきましょう。（20）

㋐ 子どもたちが うんどうじょうで たいそうを して いると、空に くじらぐもが あらわれて、子どもたちの まねを しました。
㋑ 子どもたちは くじらぐもを がっこうへ さそって、いっしょに たいそうを しました。
㋒ くじらぐもは、子どもたちの ようすを みるために、がっこうへ やってきて おうえん しました。

㋐

(2) みんなが「あの くじらは、きっと がっこうが すきなんだね。」と いったのは、くじらが どんな ことを したからですか。（20）

例（みんなの まねを して、たいそうを したり、せんせいが ふえを ふいて、あいずを すると、とまったり、まわれ右を したから。）

(3) ① この おはなしに でてくるのは、どんな くじらですか。つぎの なかから いちばん よく あてはまるものを 一つ えらんで ○で かこみましょう。（20×2）

略

大きい	まっくろ	うみの くじら	げんき	がっこうが すき
小さい	まっしろ	くもの くじら	よわむし	けんかが すき
せんせいが すき	たのしい	いじわる	かわいい	子どもが すき

② なぜ それを えらんだのか、かいてみましょう。

（略）

(4) みんなは、大きな こえで、「おうい。」と よびました。あなたなら くじらぐもに なんと いって よびかけますか。（20）

（略）

P133 くじらぐも(2)

「くじらぐも」(2)を よんで こたえましょう。

(1) せんせいと 子どもたちが、くじらぐもに のれたのは、なにの おかげですか。（20）

（かぜ）

(2) 「おや、もう おひるだ。」と せんせいが うでとけいを 見て、おどろいたのは どうしてですか。（20）

例（きゅうしょくが はじまるから。おひるまでに かえらないと いけないから。）

(3) つぎの ㋐㋑㋒の 子どもや くじらは、くもの うえで なにを はなしたと おもいますか。ふきだしに かきましょう。（10×4）

(4) 「さようなら。」と いって かえっていく くもの くじらに、あなたは なんと いいますか。ふきだしに ことばを かきましょう。（20）

※本書にかかれている解答はあくまでも一例です。答えは、文意があっていれば、○をして下さい。
「思ったこと」「考えたこと」などは様々なとらえ方があります。児童の思いをよく聞いて○をつけて下さい。

P135 たぬきの　糸車(1)

「たぬきの 糸車」(1)を よんで こたえましょう。

(1) きこりが わなを しかけたのは どうしてですか。⑳

（まいばんのように たぬきが やってきて、いたずらを するので、つかまえるため。）

(2) ① やぶれしょうじの あなから、こちらを のぞいて いたのは だれですか。(20×2)

（たぬき）

② ①は、あなから のぞきながら、どんな ことを かんがえていたと おもいますか。

例（おかみさんみたいに 糸車を まわして 糸を つむいで みたいなあ。など）

(3) たぬきが まいばん まいばん やって きたのは、なぜだと おもいますか。⑳

例（糸車を まわして みたいから。糸車を まわす まねを するのが おもしろかったから。など）

(4) おかみさんが わなに かかった たぬきを にがして やった わけは、つぎのうち どれですか。ただしい ものに ○を しましょう。⑳

（　）たぬきじるに して たべるため。

（○）「いたずらもんだが、かわいいな。」と おもって いるから。

（　）また いたずらを して、みせて ほしいから。

P137 たぬきの　糸車(2)

「たぬきの 糸車」(1)(2)を よんで こたえましょう。

(1) つぎの カードに、おはなしの じゅんに 2～6の ばんごうを かきましょう。(10×5)

5 たぬきは、ふいに、おかみさんが のぞいて いるのに 気が つきました。

1 ゆきが ふりはじめると、きこりの ふうふは、村へ 下りて いきました。

6 たぬきは、うれしくて たまらないと いうように、ぴょんぴょこ おどりながら かえって いきました。

2 はるに なって、また、きこりの ふうふは、山おくの こやに もどって きました。

4 たぬきが、じょうずな 手つきで、糸を つむいで いるのでした。

3 とを あけると、いたの間に、白い 糸の たばが、山のように つんで あったのです。

(2) たぬきが、いたの間に、白い 糸の たばを、山のように つむいだのは、いつの ことですか。あてはまるものに ○を しましょう。⑩

（　）はる　（　）なつ　（　）あき　（○）ふゆ

(3) たぬきが、じょうずな 手つきで、糸を つむぐのは どうしてだと おもいますか。⑩

例（おかみさんが 糸車を まわして 糸を つむいで いる ところを ずっと みていたから。）

(4) ① この たぬきは、どんな たぬきだと おもいますか。つぎの なかから いちばん よく あてはまるものを 一つ えらんで ○で かこみましょう。(10×2)

略

いたずらずき　かわいい　いじわる　しんせつ　やさしい
おもしろい　ものまねじょうず　ねばりづよい　かしこい

② なぜ それを えらんだのか、かいてみましょう。

（略）

(5) たぬきは、「うれしくて たまらないと いうように、ぴょんぴょこ おどりながら かえって いきましたとさ。」と かかれていますが、どうして うれしくて たまらなかったのでしょう。⑩

例（たすけてくれた おかみさんに、たくさんの 白い 糸の たばを つむいで あげることが できたから。）

P139 サラダで　げんき(1)

「サラダで げんき」(1)を よんで こたえましょう。

(1) りっちゃんが、びょうきの おかあさんに、して あげたいと かんがえた、なにか いい ことを ぜんぶ かきましょう。(10×4)

（かたを たたいて あげる。）

（なぞなぞごっこを して あげる。）

（くすぐって、わらわせて あげる。）

（サラダを つくって あげる。）

(2) りっちゃんが、びょうきの おかあさんに、なにか いい ことを して あげたいと おもったのは、どうしてだと おもいますか。⑩

例（おかあさんに はやく よく なって ほしいから。）

(3) あなたなら、びょうきの おかあさんに、どんなことを して あげますか。また、その わけも かきましょう。(15×2)

して あげる こと（略）

その わけ（略）

(4) ① りっちゃんは、どんな 子だと おもいますか。つぎの なかから いちばん よく あてはまるものを 一つ えらんで ○で かこみましょう。(10×2)

略

いじわる　やさしい　よく おてつだいを する
すなお　なきむし　なまけもの

② なぜ それを えらんだのか、かいてみましょう。

（略）

P141　サラダで　げんき(2)

「サラダで げんき」(2)を よんで こたえましょう。

(1) サラダに 入れたら よいものを、どんな いきものが おしえて くれましたか。おしえて くれた じゅんに、いきものの なまえを かきましょう。(7×4)

①（（となりの）犬）　②（すずめ）

③（あり）　④（（おまわりさんを のせた）うま）

(2) りっちゃんは、サラダに なにを 入れたら、つぎの ように なると おしえて もらったのでしょう。(7×4)

うたが じょうずに なる。＝（とうもろこし）

かけっこは いつも 一とうしょう。＝（にんじん）

ほっぺたが ももいろに ひかりだす。＝（ハム）

はたらきものに なる。＝（おさとう）

(3) りっちゃんが、おしえて もらったときに、いつも いっている ことばが あります。それは どんな ことばでしょうか。五もじで □に かきましょう。⑩

ありがとう

(4) りっちゃんに、サラダに 入れたら よいものを おしえて くれた、つぎの いきものは だれですか。(7×2)

いちばん 大きな いきもの（うま）

おおぜいで やってきた いきもの（あり）

(5) あなたなら、サラダに なにを 入れたら いちばん よいと おもいますか。また、その わけも かきましょう。(10×2)

入れたら よい もの（略）

その わけ（略）

P143 サラダで　げんき(3)

「サラダで げんき」(1)(2)(3)を よんで こたえましょう。

(1) りっちゃんが つくった サラダに 入って いるものを えらんで、○で かこみましょう。㊺

(2) りっちゃんに、サラダに 入れたら よいものを おしえて くれた いきものの なかで、りっちゃんと あっていないのは だれですか。⑩

（白くま）

(3) ① りょうりを てつだって くれたのは、だれですか。⑩

（アフリカぞう）

② どんなことを して くれましたか。⑮

（サラダに あぶらと しおと すを かけると、スプーンを はなで にぎって、力づよく くりん くりんと まぜた。）

(4) りっちゃんの おかあさんが、サラダを たべて、たちまち げんきに なったのは、どうしてだと おもいますか。じぶんの かんがえを かきましょう。⑳

例（いろいろな いきものが おしえて くれた、いいもの が いっぱい 入った サラダだから。りっちゃんが みんなの いけんを きいて、いっしょうけんめい つくったから。）

P145 けんかした　山

「けんかした 山」を よんで こたえましょう。

(1) この おはなしに でてくるものを、[れい]の ように、ぜんぶ かきましょう。（おなじ なまえの ものも あります。べつべつに かきましょう。）(6×7)

[れい]（みどりの 木）（たかい 山）（たかい 山）

（お日さま）（お月さま）（もりの どうぶつたち）

（ことりたち）（くろい くも）

(2) けんかを している ときに、たかい 山が いっている ことばを かんがえて、ふきだしに かいてみましょう。(10×2)

例

（ぼくの ほうが、せが たかいよ。）

（いや、ぼくの ほうが せが たかいに きまっているよ。）

(3) 山が けんかを すると、だれが どんな ことで こまりますか。二つ かきましょう。(10×2)

だれが（もりの どうぶつたち）どんな ことで こまる「あんしんして ねて いられない。」

だれが（みどりの 木）どんな ことで こまる「もえてしまう。」

(4) 山が けんかを したとき、やさしく ちゅうい しているのは、お日さまと お月さまの どちらですか。⑧

（お月さま）

(5) 火の きえた 山は、また けんかを したでしょうか。それとも、もう けんかは しなかったでしょうか。じぶんの かんがえを、わけも つけて かきましょう。⑩

例（「しょんぼりと かおを みあわせました。」と かいて あるので、わるかったと おもっている。だから もう けんかは しないと おもう。）

※本書にかかれている解答はあくまでも一例です。答えは、文意があっていれば、○をして下さい。
「思ったこと」「考えたこと」などは様々なとらえ方があります。児童の思いをよく聞いて○をつけて下さい。

P147 たぬきの　じてんしゃ

「たぬきの じてんしゃ」を よんで こたえましょう。

(1) この おはなしに でてくる どうぶつを ぜんぶ かきましょう。(10×2)
（たぬきの　こども）（からす）

(2) この おはなしの ちゅうしんに なる どうぶつを かきましょう。(10)
（たぬきの　こども）

(3) なぜ からすは「やあい、たぬきの くいしんぼ。じぶんの しっぽを たべてるぞ。」と いったのでしょう。(10)
（たぬきが、しっぽを　くわえて　はしって　いたから。）

(4) どうして たぬきの しっぽが しゃりんに ひかれて しまったのですか。(10)
（たぬきが、うっかり　しゃべって、くちから　はなれた　しっぽが、だらりと　さがって　しまったから。）

(5) たぬきの こどもは、この おはなしで 3かい じてんしゃに のってい ます。それぞれ しっぽを どんな ふうにして のりましたか。(10×3)
1かいめ（しっぽを　したに　たらして　のった。）

2かいめ（しっぽを　くわえて　のった。）

3かいめ（しっぽを　ひもで　せなかに　しっかり　おんぶして　のった。）

(6) ① この たぬきの こどもは、どんな たぬきだと おもいますか。つぎの なかから いちばん よく あてはまるものを 一こ えらんで ○で かこみましょう。(10×2)

略

かしこい　がまんづよい　しっかりもの　さみしがりや　たのしい
あわてんぼ　すぐなく　おっちょこちょい　おくびょう　かしこくない

② なぜ それを えらんだのか、かいてみましょう。
（略）

P149 どうぞの　いす

「どうぞの いす」を よんで こたえましょう。

(1) うさぎさんは、「どうぞの いす」と たてふだに かきました。あなたなら そのあと どんなことを かきますか。一こ えらんで ○を しましょう。あうものが なかったら、（　）に じぶんの かきたいことを かきましょう。(10×2)
（　）どうぞ いすの うえに ものを おいて ください。

（○）どうぞ ひとやすみを していって ください。

（　）どうぞ いすの うえの ものを おとり ください。

（略）

(2) おはなしに でてくる じゅんに、どうぶつの なまえを かきましょう。(10×4)
①（うさぎ）さん ②（ろば）さん ③（くま）さん
④（きつね）さん ⑤（りす）さん

(3) くまさん、きつねさん、りすさんは、「どうぞ」を どのように かんがえたのでしょうか。一こ えらんで ○を しましょう。(10)
（　）どうぞ いすの うえに ものを おいて ください。

（　）どうぞ ひとやすみを していって ください。

（○）どうぞ いすの うえの ものを おとり ください。

(4) めを さました ろばさんの、びっくりした ようすに ついて、えを みて こたえましょう。(10×3)
①「め」は どのように なって いるでしょうか。
例（おおきく　みひらいて　いる。）
②「くち」は どのように なって いるでしょうか。
例（ぽかんと　あいている。）
③「あし」は どのように なって いるでしょうか。
例（うしろあしで　たちあがっている。）

P151 はんぶんずつ　すこしずつ(1)

「はんぶんずつ すこしずつ」(1)を よんで こたえましょう。

(1) この おはなしに でてくる どうぶつを 四つに わけて かきましょう。(6×4)
（くまじいさん）（きつね）

（うさぎ）（ねずみの かあさん（いっか）

（ねずみの 十六ぴきかぞく））

(2) 大きな さけを だれが どれだけ、どのように おりょうりして たべましたか。[れい]の ように かきましょう。(12×3)
[れい]（くまじいさんは、さけの はんぶんを、フライに して たべた。）

（きつねは、はんぶんの さけの、その また はんぶんを、おなべで ぐつぐつと にて たべた。）

（うさぎは、さけの きりみの はんぶんを、バターやきに して たべた。）

（ねずみの かあさんは、さけの きりみの のこりの はんぶんで、(さけのはいった) おにぎりを 十六こ つくって、いっかで たべた。）

(3) つぎの おとは、なんの おとですか。(10×2)
① ザブーン、ジャバ、ジャバ、ジャバ。
（くまじいさんが 川の 中で、さかなを つかまえた おと。）
② ジュー。
（うさぎが、さけの きりみを バターやきに している おと。）

(4) さけを いちばん たくさん たべたのは だれですか。(10)
（くまじいさん）

(5) たべた さけが いちばん すくないのは だれですか。(10)
（ねずみの いっか）

P153 はんぶんずつ　すこしずつ(2)

「はんぶんずつ すこしずつ」(2)を よんで こたえましょう。

(1) ねずみの かあさんは、だれに おれいを いいに いきましたか。じゅんばんに（　）に かきましょう。また、そのとき、だれと いっしょでしたか。[　]に かきましょう。(6×5)
（うさぎ）←（きつね）[うさぎ]←（くまじいさん）[うさぎと きつね]

(2) 「ハークション。」は、だれの なんの おとですか。(10)
（くまじいさんの くしゃみの おと）

(3) くまじいさんの うちに にもつが とどきました。なかに なにが はいっていましたか。(10)
（けいとの ながい マフラーと てがみ）

(4) てがみには、「みんなで はんぶんずつ たべました。」と かかれて いましたが、なにを たべたのでしょう。(10)
（さけ）

(5) この おはなしを よんで、ねずみの かあさんに てがみを かいて みましょう。(12)
（略）

(6) つぎの ことばは、だれが いいましたか。（たくさんで いった ときは、ぜんいんの なまえを かきましょう。）(7×4)
①「いいえ、あれは きつねくんに もらったの。」（うさぎ）
②「いいえ、あれは くまじいさんに もらったんですよ。」（きつね）
③「早く よく なって くださいね。」（ねずみの かあさんと うさぎと きつね）
④「おや、てがみも はいっとるぞ。」（くまじいさん）

著者
安立　聖　　　大阪府公立小学校　元教諭

羽田　純一　　京都府公立小学校　元教諭

平田　庄三郎　京都府公立小学校　元教諭

堀越　じゅん　大阪府公立小学校　元教諭　他４名

企画・編集者・著者
原田　善造　　わかる喜び学ぶ楽しさを創造する教育研究所　著者代表

参考文献
・光村図書　「国語１年（上）かざぐるま（下）ともだち」
・東京書籍　「新編新しい国語　１年（上）（下）」
・教育出版　「ひろがる言葉　小学国語　１年（上）（下）」
・学校図書　「みんなと学ぶ小学校国語　１年（上）（下）」
・大阪書籍　「小学国語１年（上）（下）」
・文部科学省　[資料] 平成 17 年「PISA 調査の公開問題例」
・　〃　　[資料] 平成 17 年「TIMSS 調査の公開問題例」
・　〃　　平成 19 年度　全国学力・学習状況調査の問題 小学校国語Ａ・国語Ｂ
・経済界　日本語翻訳版「フィンランド国語教科書　小学３年生～小学５年生」

短文・長文・PISA 型の力がつく
まるごと読解力　文学作品　小学１年

2008 年 4 月 2 日　　第 1 刷発行
2010 年 1 月 1 日　　第 2 刷発行

著者　　　：安立　聖　羽田 純一　原田 善造　平田　庄三郎　堀越 じゅん　他４名による共著
企画・編集：原田 善造
イラスト　：山口 亜耶

発行者：岸本 なおこ
発行所：喜楽研（わかる喜び学ぶ楽しさを創造する教育研究所）
〒 604-0827 京都府京都市中京区高倉通二条下ル瓦町 543-1
TEL 075-213-7701　FAX075-213-7706
印刷：株式会社イチダ写真製版

ISBN：978-4-86277-012-7　★　Printed in Japan